JN198789

かごしま戦国絵巻

著　岩川拓夫
絵　東雲ののか

南方新社

序

戦国乱世というと、花のある時代と考える人が多いのではないでしょうか。武田信玄や上杉謙信、今川義元といった白刃を潜り抜けた武将たち。織田信長、豊臣秀吉、徳川家康など天下人のサクセスストーリー。この時代を想像して心を踊らせる人は少なくないかもしれません。

彼らはなぜ戦い続けたのでしょうか。みんなが天下統一を狙っていたわけではありません。周りの勢力とのいさかいでもみくちゃにされながら、戦い続けなければならなかったのです。それは鹿児島も同様。なんとかして島津一族で一丸になりたい、という気持ちから始まり、そこから先祖がかつて治めた九州南部の統一を願うようになります。その後、各地の武将からの協力要請などで戦線を拡大せざるを得ませんでした。中央政権の下に入ってからは、権力者の意に添うように合戦に駆り出されます。このように書いてみると、花がある感じではないですね。むしろ現代社会の私たちにとてもよく似ているような気もします。戦国乱世でも現代社会でも、よりよく生きたい、というささやかな願いを抱きながら一歩ずつ進み、成功を重ねるたびに新しい欲望と向き合って歩んでいくのです。そのように考えると、武将たちは決して憧れるだけの存在ではなく、親しみやすく面白く魅力的な存在に思えるのではないでしょうか。

鹿児島の歴史を楽しく正しく。本書はそのような目標を掲げて執筆しました。この本に出てくる年号、事件や人物の名前を暗記する必要はありません。激動の時代に鹿児島の人々はどのように活躍したのかを感じていただきたいです。面白いイラストを楽しみながら、乱世の人々の努力の道のりを読み解いていきましょう。

目次

第5章 天下泰平の道

外伝 戦国島津当今錦絵

戦国島津を知る前に

①戦国乱世

1330年代に誕生した室町幕府は、その前半も後半も全国が混乱していました。前半の混乱は「南北朝時代」と呼ばれ、約60年続いていましたが、3代将軍足利義満の時代に統一されます。しばらくは安定した時代が続いていましたが、後半の混乱は約100年続くことになります。度重なる争いを経て、京都は荒廃し、将軍は操り人形と化し、政治の中心から離れて暮らすことが多くなりました。京都だけでなく、全国各地を治める大名の支配地内部でも混乱が起こり、親族や家臣によって大名が追い出されたり、殺されたりすることも発生。これを「下剋上」といいます。

争いを経て各地は少しずつまとめられ、勝ち残った武士たちは「戦国大名」として土地や民衆を支配。甲斐国（山梨県）の武田信玄や越後国（新潟県）の上杉謙信、中国地方の毛利元就などが有名です。彼らはさらに領地や利害関係を理由に合戦を重ね、人々をまとめながら経済の発展をすすめました。これらを繰り返した結果、全国統一した政治権力（豊臣秀吉、徳川家康）が生まれていったのです。

②大航海時代の窓口

日本で戦乱の時代が始まる頃、遠く離れたヨーロッパでは大航海時代が始まりました。地中海東部を抑えるオスマン帝国が交易のための税金（関税）を高くしたことに対し、地中海西部のポルトガルやスペインはオスマン帝国を通らずに世界各地で交易をしようと計画。アフリカ大陸沿いや、大西洋経由でアジアに向かおうとしたのです。スペインの支援を受けたコロンブスはアメリカ大陸にたどり着き、マゼランは南アメリカを経て東南アジアに到着。ポルトガルはアフリカ大陸を南下する航路を切り拓き、インドや東南アジア・東アジアに到達します。そして彼らが向かう先にあったのが私たちの国でした。

現在の沖縄県は琉球王国という独立王国だったので、その頃の日本の最南端は現在の鹿児島県です。この地は歴代中国王朝と日本を結ぶ重要な交易ルート上に位置し、薩摩や大隅の港からたくさんの船が東アジア諸国に向かいました。大海原を越えた西欧人は薩摩・大隅のすぐそばにまでやってきていました。

③島津の目標と「海の道」

鎌倉幕府初代将軍・源頼朝の時代から続く島津氏。初代忠久は、頼朝から薩摩、大隅、日向の九州南部3カ国の武士を束ねる「守護」に任じられましたが、長く続きませんでした。頼朝の死後、政治闘争に巻き込まれ、3カ国の守護を解かれます（後に薩摩国守護だけ元に戻されます）。島津氏が大隅、日向の守護を再び得ることができたのは130年後です。しかし、その後も全国的な混乱が九州南部にも影響を及ぼし、各地で武士が島津氏に反旗を翻したり、島津氏自体も一族が分裂したりしたことから、3カ国はおろか薩摩も十分に治めることができない状態が続きました。それでも3カ国の武士を束ねる守護として統一を目指していたのです。

一方、島津氏は幕府から別の期待がもたれていました。九州南部から海外へと続く「海の道」の管理です。交易や交流を求める幕府や有力大名にとって道中の安全面の確保は重要な問題でした。また貴重な交易資源の硫黄が薩摩南方の硫黄島で採れることから、外交のキーマンとしてその活躍が求められていたのです。

主な登場人物

島津忠良（日新斎）

ほお髭が特徴的な島津家中興の祖

島津貴久

島津家の内乱をおさめた本家15代

島津義久

織田信長の1歳年上にあたる本家16代

島津義弘

忠平、義珍と名前が次々と変わった猛将

島津歳久

弓や馬が得意

島津家久

敵の大将を討ち取るのが得意

島津豊久

21世紀になって漫画やゲームで大活躍

島津亀寿

義久の愛娘。美人伝説がある

島津久保

亀寿と仲が良かった話が残る忠恒の兄。猫好き

島津忠恒

亀寿とあまり仲がよくなかった話が残る久保の弟。鹿児島城を築城した初代薩摩藩主

※名前の読み方には様々な説があります。本書で紹介しない読み方もありますので、あらかじめご了承ください。

戦国島津略系図

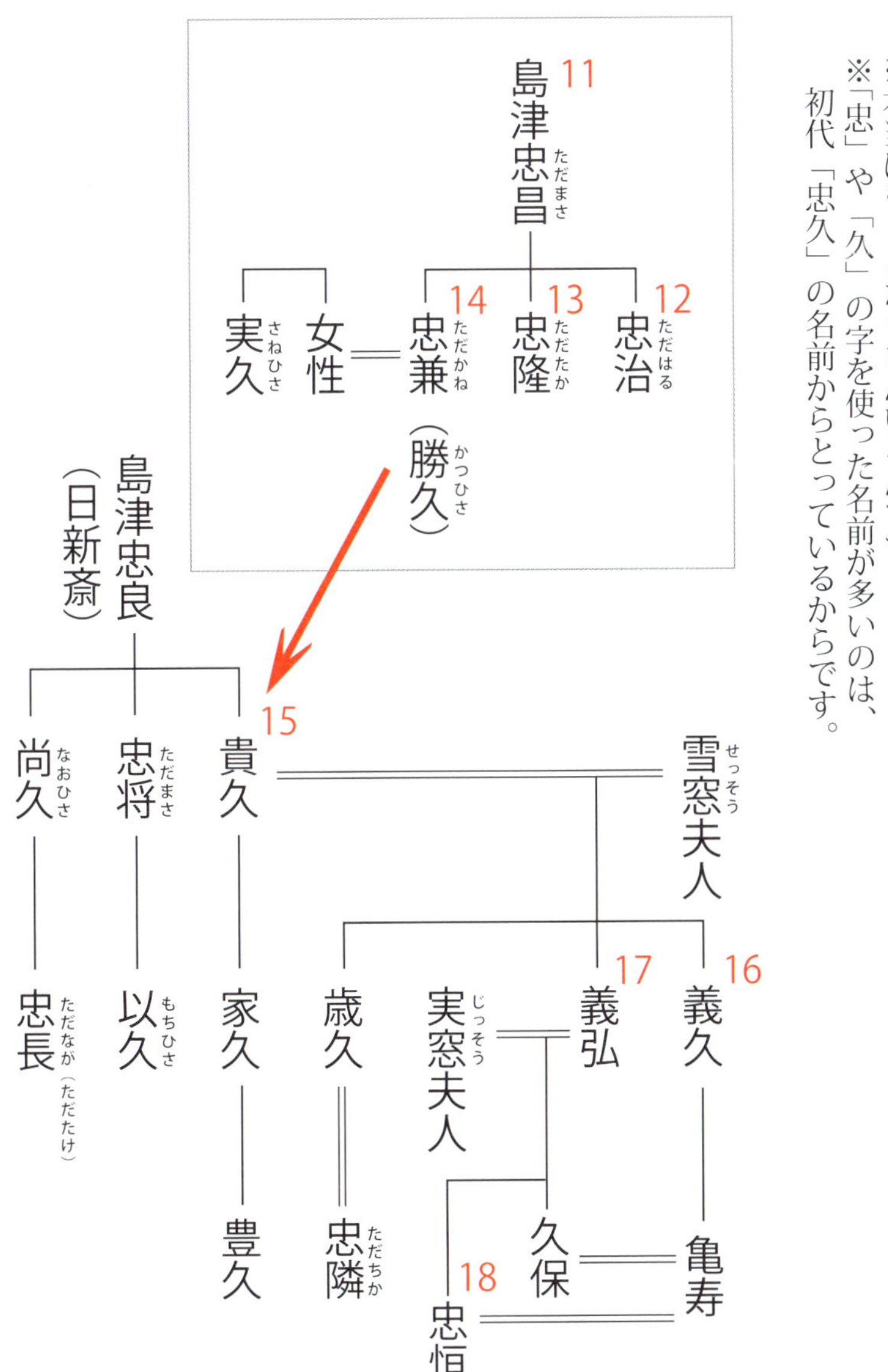

※本当はもっとたくさんいるんです。
※「忠」や「久」の字を使った名前が多いのは、初代「忠久」の名前からとっているからです。

戦国島津略地図

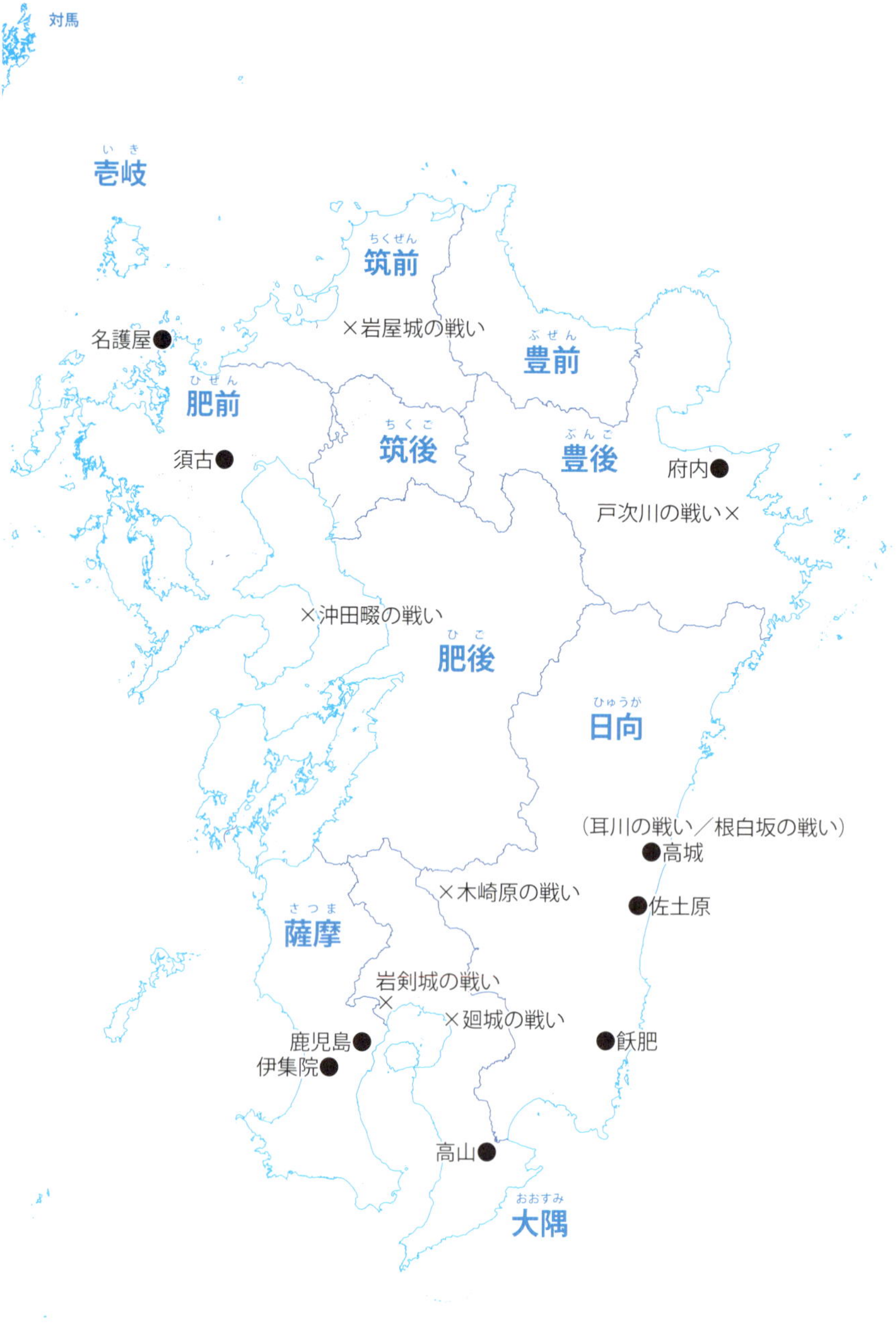

対馬

壱岐

筑前

×岩屋城の戦い

名護屋●

豊前

肥前

筑後

豊後

須古●

府内●

戸次川の戦い×

×沖田畷の戦い

肥後

日向

（耳川の戦い／根白坂の戦い）

●高城

×木崎原の戦い

●佐土原

薩摩

岩剣城の戦い
×

×廻城の戦い

鹿児島●

伊集院●

●飫肥

高山●

大隅

第1章　三州大乱と海

① 紅蓮の戦火と島津忠昌

　島津家は鎌倉時代はじめ（１１８０年代）に源頼朝から九州南部の３カ国（薩摩・大隅・日向）の武士を束ねる「守護」に任じられました。しかし、それから３００年ほどの間に島津家から数多くの分家が生まれ、彼らは土地を分けて統治します。しかし本家のもとに団結せず、それぞれの土地や立場をめぐって次第に対立をはじめました。また島津家以外の様々な武士の一族も、独立して島津家たちと争うようになったのです。そのような状況になった室町時代半ば、１５００年頃に本家を率いたのが、11代島津忠昌です。

　忠昌が本家の主となった頃は、桜島が度々大噴火をおこしており、災害によって死者や農作物に甚大な被害が出ていました。また、しばしば反島津本家の反乱もおこっていました。この反乱は、肥後国（熊本県）南部を治めていた相良氏や、日向国（宮崎県）を治めていた伊東氏などが反乱勢力を支援していたことも背景にありました。そこで忠昌は、自らの権限を弱めて分家たちの協議によって統治するかわりに、反乱していた勢力を自らの側につなぎとめようとします。

　忠昌はなんとか九州南部をまとめようとしますが、それでも反乱が次から次へと起こります。国内の大乱を治めるため、病気になっても医者を同行させて出陣したこともありました。幕府の命令で、京都から竹田昭慶という医師が薩摩

まで赴き、忠昌の診察をしていたそうです。しかし、反乱に敗れることもありました。特に大隅(おおすみ)半島に古くから勢力を誇っていた肝付(きもつき)氏はとても強く、忠昌は肝付氏攻めを2度も失敗してしまいます。

忠昌は相次ぐ反乱に心身ともに疲れ切り、うつ病に近い症状になります。そして1508年、自らの居城(きょじょう)である清水(しみず)城（鹿児島市）において、自ら命を絶ちました。

2 桂庵玄樹の教え

全国的な戦乱の中、京都から地方に移る人々がいました。その中の一人が桂庵玄樹という僧侶です。彼は長門国（山口県）に生まれ、京都の南禅寺で修行した後、明王朝（中国）に留学。朱子学と呼ばれる儒教の思想を学びました。しかし、帰国した頃に京都を中心とした激しい争いが起こっていたため、彼は地方を治めていた人々の求めに応じて石見国（島根県）や肥後国（熊本県）に赴きます。

さらに1478年、11代島津忠昌に招かれ、九州南部を訪れました。そして薩摩国の龍雲寺（日置市）を経て島陰寺（鹿児島市）に入ります。大隅国の正興寺（霧島市）や日向国の竜源寺（宮崎県）にも赴き、各地で朱子学を教えました。

また彼は優れた漢詩も多く残しており、桜島の大噴火（文明の大噴火）直後であったため、彼は雪のように火山灰が降り積もる、と漢詩に残しています。

桂庵玄樹の来訪時、九州南部以外の出身者が余多この地にいたようです。明王朝出身の陳祖田は、室町幕府の命令で明王朝へ派遣される船に積み込む硫黄を調達するために京都から薩摩にくだってきており、彼と交流しています。ほかに越後国（新潟県）や近江国（滋賀県）、上野国（群馬県）の人々も桂庵玄樹のもとを訪れました。このことから九州南部で学問交流がさかんにおこなわれていたことがわかります。

彼は中国語で記された学問書を日本人にも読

みやすいように、文字の間に記号（訓点（くんてん））を入れる方式を整備します。忠昌の家臣・伊地知（いぢち）重貞（しげさだ）の協力を得て、儒教の教え・朱子学の学問書『大学章句（だいがくしょうく）』を日本ではじめて刊行。このほか漢文を読みやすくするための『桂庵和尚家法（けいあんおしょうかほう）倭点（わてん）』や漢詩集『島隠漁唱（とういんりょうしょう）』などを編みました。

桂庵玄樹が訪れた頃には九州南部も戦乱が相次ぎますが、彼はこの地に留まり、30年以上学問の普及に努めました。彼の学問は弟子たちに受け継がれ、「薩南（さつなん）学派」と呼ばれる朱子学の一派を形成。後に島津日新斎（じっしんさい）たちは彼の弟子たちを保護し、彼らから学んだ禅（ぜん）や儒学を大切にしました。そのようなこともあり、桂庵玄樹の教えは現在の鹿児島、宮崎、沖縄各県にまで広まったのです。戦乱の中でも教育を大事にする姿勢が、平和な時代を築くための基礎となったといえるのでしょう。

3 戦乱の中の三兄弟

島津忠昌亡き後、彼と豊後国（大分県）の大名・大友政親の娘との間に生まれた3人の息子たちが残されました。

このうち、はじめに島津本家を率いたのが彼の長男・12代忠治です。彼は父の跡を継いだ直後、友好と交易のため、琉球王国（沖縄県）に使者を送りました。琉球と日本との間の交易が活発化する中で、島津家から南方へ向かう船の安全を求めたものと考えられます。学問にも励んだり、鷹狩に関する書物を書きあらわしたりしながら外交面に力を尽す一方、内乱の真っただ中であった九州南部を治めることにも苦心しました。しかし、彼は現在の鹿児島市北部を治めた吉田氏を攻めている最中、鹿児島の清水城においてわずか27歳で亡くなってしまいます。

忠治に男子がいなかったため、忠治の跡を継いだのが、忠昌の次男・13代忠隆です。彼は兄にかわって吉田氏を倒し、琉球王国に書状を送るなどして島津の一族を率いようとします。また、和歌もたしなんでいましたが、兄と同様、九州南部をまとめきれないまま23歳で病死してしまいます。

相次いで主を失った島津本家。彼らの跡を継いだのが忠昌の三男・14代忠兼です。彼はもともと薩摩半島南部を治める頴娃氏のところに養子に入っていましたが、2人の兄が相次いで亡くなってしまったため、島津本家に戻り、一族を率いようと努力します。しかし、忠兼が跡を

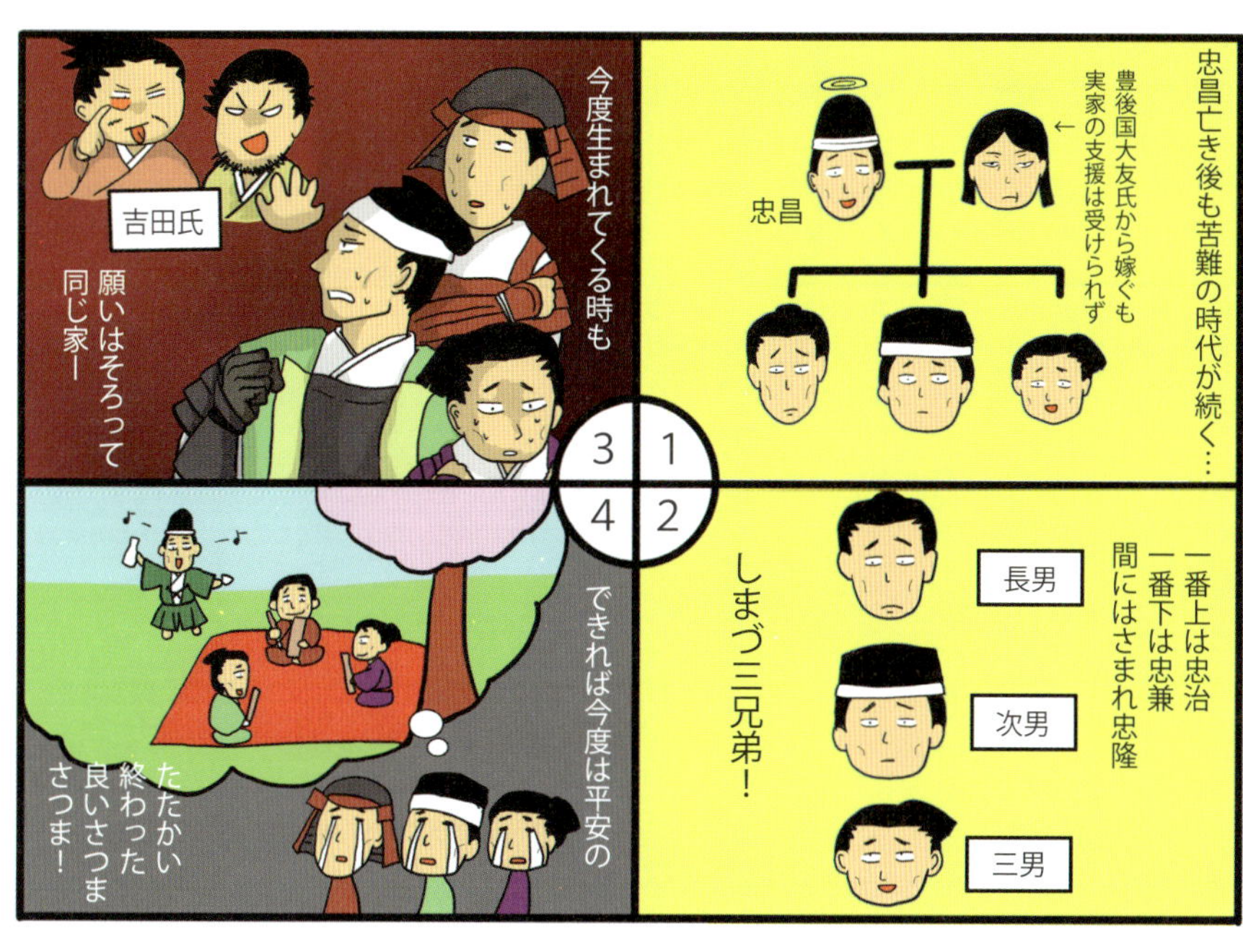

継いだ時、彼はまだ10代半ば。島津一族をまとめ、九州南部を統一するにはまだ若く、苦難が続いたのです。

　3兄弟がバトンを渡し、苦心して島津本家は続いていましたが、まさに冬の時代であったといえます。

4 分家の生き残り戦略と常磐

島津本家の主が次々と変わる混迷の時代、島津の分家もまた混乱を極めていました。そのひとつが、伊作（日置市）を治めていた伊作家です。伊作善久は、妻・常磐との間に菊三郎をもうけますが、その子が生まれたわずか2年後に召し使いによって殺されてしまいます。常磐の父・新納是久は菊三郎が生まれる前に、島津忠昌との戦いで戦死していたため、常磐は善久の父・久逸とともに菊三郎を育てますが、久逸もまた島津の分家同士の合戦の際に戦死してしまいました。

常磐ははじめ自ら菊三郎を育てましたが、彼が成長すると居城近くの海蔵院という寺に入れさせ、僧侶による厳しい教育を受けさせます。伝承によると、菊三郎が学友たちと水遊びに夢中になって勉学の時間に寺に戻ってこないと、寺の住持が菊三郎を寺の柱に縛り付けたといいます。菊三郎は大きな泣き声を挙げ、それが母のいる城まで聞こえたそうですが、菊三郎が泣いている理由を伝え聞くと、常磐は菊三郎が良い師を得たことを喜んだといわれています。

久逸の戦死後、田布施（南さつま市）を治める島津相州家の運久が常磐と菊三郎を支えます。隣接する2つの家が結束することで、より強い力になるものと考えたのでしょう。伝説によると、美しい常磐を妻に迎えたいと思った運久が求婚しましたが、常磐ははじめ再婚を固辞。将来、菊三郎が伊作家と島津運州家の主となるこ

とを条件として両者は結婚したともいいます。

常磐の教育の結果、菊三郎は知勇を兼ね備えた武将に成長し、島津忠良として2つの家の主となったのです。常磐と運久との間には娘2人が誕生。運久は忠良に主の座を譲った後も合戦などで忠良を支え続けました。

5 本家の主の座と島津実久

島津相州家と伊作家の2つの家を率い、薩摩半島西側の一部を治めることになった島津忠良（日新斎）。一方、島津本家の主である14代忠兼は、反発する勢力との戦いに敗れました。

忠兼は島津本家を立て直すため、はじめは出水を中心に勢力を持つ分家・島津薩州家に助けを求めます。薩州家は本家に次ぐ力を持つ名門で、時に本家を支え、時に本家と反発していました。この頃の薩州家・忠興は薩摩半島の交易拠点・加世田（南さつま市）を攻め取って支配を広げていたこともあり、忠兼は忠興の娘と結婚し、支援を受けていたのです。しかし忠興が亡くなり、薩州家の主が若い実久に替わると、忠兼は年長者の忠良を頼るようになり、島津本家はさらに支援を得るため、忠良の子・虎寿丸を忠兼の養子にして15代島津貴久としました。

その動きを快く思わなかった実久は、島津本家の家臣・伊地知重貞を味方にして忠良・貴久親子に刃を向けるように仕向けます。忠良が重貞を攻め滅ぼすと、次に実久は義理の兄（姉の夫）である忠兼に「貴久を養子とする約束を破り、本家の主に戻る」ということを求めました。そして忠兼は「勝久」と名を改めて返り咲こうとしたのです。10代前半だった貴久は島津本家の拠点である清水城が攻め込まれたため、父のもとに逃げました。

その後、勝久家臣内部で実久の支持派と反対派で対立。実久支持派が反対派の家臣を殺害し

たことがきっかけで、勝久と実久が争い、実久が勝利すると、勝久は鹿児島から追い出されてしまいます。その結果、実久が鹿児島を治めることになり、多くの島津の分家から島津一族を束ねる「守護」と認められました。実久は京都の貴族とも交流するなど独自のネットワークを持つ九州南部随一の実力者になります。一方、忠良・貴久親子も再起を目指し、島津本家の主の座をめぐり九州南部は混迷しました。

❻ 進撃の日新斎

島津薩州家・実久による九州南部の支配が進む中、島津忠良は「日新斎（じっしんさい）」と名を改めます。彼は後に「合戦というものは、相手に非があることを主張し、自らに大義名分（たいぎめいぶん）があるようにすれば勝利は間違いない」と語りました。日新斎はこのような考えを持ちながら、優れた子どもや家臣たちとともに挽回（ばんかい）をはかります。

日新斎・貴久の支配地は、実久が治める出水と加世田に南北を挟まれており、不利な状況でした。そこで鹿児島を追い出されていた勝久との関係を修復し、実久に対抗。勝久が味方になると、かつて勝久が本家の主になる前に養子に入っていた、薩摩半島南東部の港湾拠点・山川（やまがわ）を治める頴娃氏も味方するようになります。

日新斎は、実久が支配していた伊集院（いじゅういん）城（日置市）を攻略すると、息子の貴久・忠将（ただまさ）とともに加世田別府（べっぷ）城を真夜中に攻撃。激しい戦いの末、勝利します。その後、日新斎は加世田から川辺（かわなべ）（南九州市）方面に進撃。忠将も市来（いちき）・串木野（くしきの）方面を攻め取って薩摩半島中部〜南部を父子3人で統一します。その後、島津薩州家は日新斎たちに抵抗しなくなります。一方、先代の勝久も日向から豊後へと移り、薩摩に戻ることなく死去。三つ巴（どもえ）の争いになった島津本家の座をめぐる争いはこのようにして終止符が打たれました。

日新斎は家臣を統率する制度を確立。47首に道徳・宗教を織り交ぜて作った和歌集「日新公

いろは歌」は江戸時代、薩摩藩の教育の根幹となりました。「いにしへの道を聞きても唱へても、わが行ひにせずばかひなし（昔の人の良い教えを知っていても実践しなければ意味がない）」など、今なお多くの人に愛され、心のよりどころにされています。島津本家をまとめ、薩摩藩の基礎を築いた日新斎は、現代の鹿児島の教育にも大きな影響を与えているのです。

7 島津を守りつないだ雪窓夫人

島津本家の主の座をめぐる争いに勝利した15代島津貴久。その背景には父の活躍と、妻・雪窓夫人の支えがあってのことでした。

雪窓夫人は川内川流域を治める入来院氏の出身です。入来院氏は鎌倉時代に武蔵国渋谷（東京都）から薩摩に赴き、代々入来院（薩摩川内市）を治め続けてきた名門「渋谷一族」のひとつでした。川内川下流一帯の支配をめぐって入来院氏と島津薩州家は対立。「敵の敵は味方」ということもあり、島津忠良は息子・貴久の結婚相手として雪窓夫人を強く望んだといいます。

雪窓夫人のおかげで実家の入来院氏は貴久の味方となり、本家の主の座をめぐる争いに協力。貴久に味方する武将が少ない時期でも、入来院氏だけが支持していたといいます。雪窓夫人の兄・重朝は島津薩州家方の城を次々に攻め、勝利に大きく貢献しました。さらに雪窓夫人は貴久との間に3人の息子を産みます。後の16代島津義久、17代島津義弘、島津歳久です。彼らは九州の大部分を治める時代に島津家を率いることになります。

しかし雪窓夫人は彼らの活躍を見ることができませんでした。彼女は息子の成長を見るよりも先に病死。亡くなった時、長男・義久はまだ11歳でした。雪窓夫人が亡くなると、島津本家と入来院氏との関係に亀裂が生じます。重朝が彼と同じ渋谷一族と共謀して島津氏に対して反旗を翻そうとしているという噂が流れます。ま

た長男・重嗣は、大隅半島に本拠地を持つ肝付氏の女性と結婚。入来院氏は肝付氏とともに島津氏と対立するようになりました。それから両者は四半世紀もの間、争うこととなってしまったのです。

幼い頃に亡くなった母を、義久たち兄弟は大切に思い続けていました。亡くなってから30年後、彼ら兄弟は母を弔う菩提寺・雪窓院を建立。後に義久が剃髪（頭を丸めること）をする時、この寺でおこないました。

8 貴久、太守への道

貴久は島津本家の主をめぐる争いに勝利にしましたが、それだけでは正式に「太守（本家の主）」になれませんでした。周囲から「太守」と認められなければなりません。貴久は少しずつ認められるよう努力を重ねました。

まず島津家歴代が眠る福昌寺が長い戦乱によって衰退していたので、その復興に尽力。自らが保護していた僧侶が住持（寺院の首長）になったこともあり、貴久は福昌寺から「太守」に承認されます。

貴久は自ら「太守」と自称するようになりましたが、直後に薩摩半島北部や大隅、日向を治める島津の分家やほかの勢力が、一斉に貴久の味方を攻撃しました。貴久に反対する分家の面々は、先代・勝久の嫡男を担ぎ上げ対抗。彼らは急成長した「島津家の太守」によって統率されるのではなく、旧来通りの自主・独立を保ち続けたいと考えていたのかもしれません。貴久は敵に領地を分け与え懐柔することで、敵勢力を瓦解させ、なんとか撤退させましたが、いまだに貴久は九州南部全体を統率するほどの勢力は持っていなかったようです。

しかし、隣国・日向の戦国大名・伊東義祐が日向南部付近にまで勢力を拡大。いずれも日向に本拠地があった庄内（都城市）の北郷氏や飫肥（日南市）の島津豊州家といった島津の分家たちは、このままでは伊東氏に飲み込まれてしまう、と恐れるようになります。そこで彼ら

は島津貴久を中心に島津の一族が一致団結することを望んだのです。

　一族が貴久を「太守」であると認めた祝いの場には京都の貴族も参加。このようにしてようやく対外的にも貴久は「太守」と認められることになりました。

9 外交の一本化へ

島津家内部を統一した貴久ですが、彼に従いながらも独自で外部の人々と交流する人物もいました。貴久は内乱を経て島津家の主となったこともあり、外部との強いパイプを持っておらず、始めのうちは彼らに頼ることも多かったようです。

例えば種子島氏や豊後国を治める大友氏など様々な武将たちの外交を支援した古市実清。京都で最も権威の高い摂政・関白に就任する人物を歴代輩出した近衛家の主・近衛稙家をはじめ、多くの貴族と九州の武将たちの仲を取り持っていました。日新斎が「日新公いろは歌」を近衛家に献上する際にはその使者をつとめ、貴久が室町幕府から島津本家の主を示す官位を授かる時や、貴久の長男が足利将軍家が代々名前に入れる「義」の文字を幕府から頂戴する時にも力を尽くします。この結果、貴久の長男ははじめ「義辰」と名乗り、後に「義久」と改めます。これらの功績から彼は島津氏から領地を授かります。

独自のネットワークを持っていたのは本田薫親も同様です。彼の一族は代々島津本家の老中として仕えており、彼もまた国分清水城（霧島市）を中心に大隅国北部や大隅正八幡宮（鹿児島神宮）を治めていました。はじめは貴久に敵対する勢力の代表格になっていましたが、彼に従うとほかの貴久に反発していた一族も貴久に従うようになり、京都から日野町資将という貴族

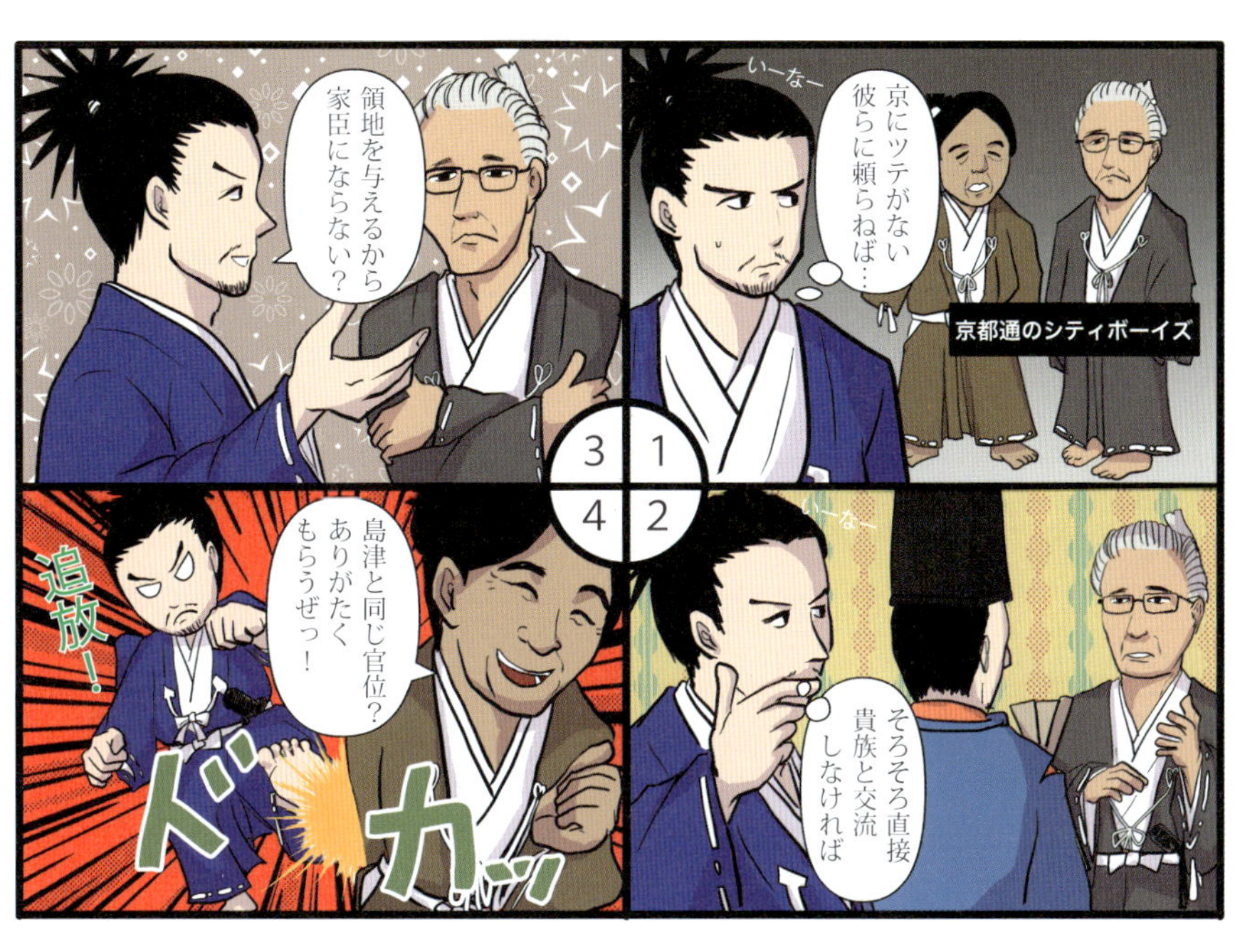

が貴久の本家の主の就任祝いで下向してくる際にはその交渉担当をつとめます。薫親は日野町や近衛稙家と舶来品（はくらいひん）を贈るなど交流を独自におこない、彼の息子は若くして朝廷から貴久と同じ位を授かることになります。しかし、島津氏以上に京の貴族たちと親密にしていた薫親は、領地の寺院や神社との争いや本田一族同士の対立もあって、島津氏により本拠地を没収されてしまいました。

　貴久が「島津の主」として台頭する中、独自の外交ルートを持つ人に領地を授けて家臣にしたり、あえて領地を奪って勝手に動かないようにしたりすることで、外交の一本化をはかっていったのです。

10 海賊王・王直

貴久が島津一族をまとめようと努力していた頃、世はまさに、大海賊時代を迎えていました。東アジア各地の政治が混乱していたため、倭寇と呼ばれる海賊が東アジアから東南アジアにかけて活動していました。

彼らの実態は、交易者集団です。その頃の明王朝（中国）は、自由に他国と交易できず、外国の船が勝手に明王朝の港に泊めてはいけないという法律がありました。しかし自由に交易をしたいと思う人々がそれを破って武装して商売をおこなっていたため、倭寇と呼ばれていたのです。また「倭」という意味は日本を表わす言葉としてよく用いられますが、日本人だけでなく、中国や朝鮮半島、ヨーロッパの人も倭寇として活動していました。

その倭寇の中で勢力を誇っていた人物の一人が王直です。中国内陸部の徽州(現在の安徽省)出身の彼は仲間とともに密貿易を始め、石見銀山(島根県)やメキシコで採掘された銀、中国の絹、陶磁器などの交易品を売りさばきます。特に硫黄島（三島村）をはじめ九州各地で大量に採れる硫黄を彼らは日本から東アジア各地に売りさばき、逆に日本の天然資源としてはなかなか採れない硝石を海外から日本に運びました。その頃の火薬は、硫黄と硝石と木炭を混ぜたものだったため、戦乱相次ぐ東アジア各地では火薬の原料はとても需要があったのです。

王直は拠点を五島や平戸（いずれも長崎県）、

そして薩摩に置き、一時期は数百隻の船と2千人の手下を束ねる船長だったようです。日本では九州の武将や京都、堺（大阪府）の商人と交流し、「五峰」という名前も名乗っていました。

そんな彼が数人のポルトガル人を含むおよそ100名の乗組員とともに東シナ海を航海中、種子島に辿り着きます。そして島の人に火縄銃が届けられたのです。

11 鉄炮伝来と種子島時尭

種子島は鎌倉時代から種子島氏が領主として治めていました。戦国時代の若き主が時尭(ときたか)です。彼の父の時代から、種子島氏は大隅半島南端を治める禰寝(ねじめ)氏と戦いを繰り広げており、禰寝氏が島まで攻め込んできたこともありました。

そのような頃、倭寇・王直(おうちょく)の船に乗ったポルトガル人が種子島に到着します。彼らは時尭の目の前で持参した鉄炮(てっぽう)（火縄銃）を披露。その威力と轟音(ごうおん)に驚いた時尭は、彼らから2挺(ちょう)の鉄炮を高値で手に入れました。

時尭は手に入れた鉄炮のうち1挺を参考に、地元の鍛冶(かじ)職人に構造を調べさせ、島内での生産に取り組みます。美濃(みの)国（岐阜県）から移ってきた刀鍛冶の職人の協力を得て、ネジの作り方に苦戦しながらも、その量産に成功しました。そしてもう1挺は島津貴久を通じて室町幕府の将軍に献上します。時尭は鉄炮だけでなくそれに必要な火薬を将軍や諸大名に贈ります。

島津日新斎の娘・御西(おにし)を妻に迎えたり、娘を義久の夫人にしたりと、島津氏との結びつきも密にしました。また海外への航路の途上に領地があったことから、豊後国（大分県）の戦国大名・大友氏や堺（大阪府）や熊野(くまの)（和歌山県）など関西の人々とも親しく交わっています。

時尭たちによって作られた鉄炮はやがて「種子島」という通称で全国各地に瞬く間に広がります。伝来から半世紀過ぎた戦国時代末期には、日本が世界で最も鉄炮を所有していた国になっ

たといいます。諸大名が鉄炮を大量に使用するようになり、戦術が変化したことから、乱世の終息が早まったともいわれています。その中でも、島津の軍勢は合戦の際に有効的に鉄炮を活用しましたが、これはほかの地域に先駆けて鉄炮が届けられた地だったからでしょう。

ちなみに時尭は3人の女性を妻にしています。御西のほかに、島津と対立する禰寝氏の女性も妻とし、男子に恵まれます（幼くして病死）。御西はのちに離縁（りえん）し、鹿児島に帰ってしまいました。男子のいない時尭は大友氏から養子をもらおうと考えていたそうですが、のちに「古田御前（ふるたごぜん）」と呼ばれる女性が男子を産み、養子の話はなくなったといいます。

⑫ アルバレスが見た薩摩

戦国時代、倭寇のネットワークを活用し、ポルトガル人たちが九州南部をさかんに訪れるようになります。彼らは硫黄や銀を海外に輸出し、硝石（火薬の原料のひとつ）や鉛（鉄炮の玉の原料）、そして海外の珍しい品物を国内に輸入していました。彼らがしばしば船を泊めた場所のひとつが山川港（指宿市）であり、時には一度に3隻ほどの外国船が停泊していました。そうした中、ポルトガル商人のジョルジェ・アルバレスは1546年頃、山川に到着。半年近く滞在し、現地で見聞きした情報をもとに「日本報告」を書きました。

薩摩半島で集めた内容であったため、「日本」というタイトルでありながら薩摩に関する情報が多く盛り込まれています。例えば台風や火山が多いことです。台風が多いため、この土地の家は風対策で低く作られていると紹介。海辺で老若男女が砂浜を掘ってそこから湧いてくる温泉につかって楽しむ様子も記されています。また現地の人々が「米からできる蒸留酒（焼酎）」を飲んでいたこともわかります。まだ薩摩芋が日本に伝来する以前だったので、米焼酎だったようです。人々は酔っぱらうと、お店でそのまま横になって泊まっていたそうです。それだけ安全な土地柄だったのだといえるのでしょう。

音楽を愛し、賭け事を嫌い、弓矢や乗馬が上手であること、一日2度体を洗い、一日3度食

事をとることも紹介。髪型や服装など戦国時代の生活や文化を今に伝えています。

アルバレスは九州南部の人々について、誇り高く、欲張りでなく、親切で、知識欲旺盛な人々とつづっています。そのようなアルバレスの友人のひとりがキリスト教を日本に伝えたフランシスコ・ザビエルです。ザビエルはアルバレスを「非常に信用できる友人」と記しており、彼の書いたものを読んで日本に興味がわいたものと考えられています。

⑬ 日本人初のキリシタン・ヤジロー

ポルトガル商人ジョルジェ・アルバレスが山川を離れる時、その船にはヤジロー（アンジロー）と名乗る薩摩人も乗っていました。ヤジローはもともと倭寇だったそうですが、薩摩で人を殺してしまい、そのままポルトガルの知人を頼ってヤジローに仕える日本人2人とともに海外へ渡ったのです。

1547年、渡航先のマラッカ（マレーシア）でヤジローは、アルバレスの友人であるフランシスコ・ザビエルに面会。ザビエルはキリスト教を東アジアで布教しようとヨーロッパから東アジアに来て各地で活動していました。ヤジローは自らが犯した過去の罪を告白。ザビエルからキリスト教について教えてもらい、一緒にゴア（インド）まで赴いて洗礼を受けて「パウロ・デ・サンタ・フェ」という名をもらいました。ヤジローに仕えた2名もジョアン、アントニオの名前がそれぞれ与えられます。記録に残る日本人初のキリスト教徒の誕生です。ヤジローはゴアにあったイエズス会の学校で学びつつ、ザビエルとともに日本での布教に向けて準備をすすめます。ザビエルはヤジローの日本に関する話やアルバレスの「日本報告」の影響により、日本を訪れて布教したいと強く願うようになっていました。そして彼らは東南アジアに戻り、日本へ向かう船を探したのです。

ヤジローとザビエルは、コスメ・デ・トーレスやファン・フェルナンデスという2人のスペイ

ン人宣教師などとともに「海賊」というニックネームを持つ商人アヴァンの船に乗ってマラッカを出発。嵐を乗り越えながら2カ月近くかけてヤジローの出身地である鹿児島に１５４９年夏、到着したのです。ヤジローはキリスト教布教のためにザビエルに言葉を教え、一緒に翻訳に励んだほか、島津貴久との面会の橋渡し役を務めたりしました。

ザビエルが日本を離れた際、鹿児島に残って信者を取りまとめますが、後に再び倭寇になったといわれています。

14 ザビエルの挑戦

ナバラ王国（スペイン北部）の貴族の家に生まれたフランシスコ・ザビエル。世界各地にキリスト教を広めるため、パリ（フランス）で友人たちとイエズス会を立ち上げます。イエズス会はキリスト教カトリックの最高位・ローマ教皇に認められると、ザビエルはアジアに進出し始めていたポルトガルの国王の依頼により、アジア各地で布教することになります。明王朝での布教を夢見ていましたが、入国が制限されていたため、ベルナルドやヤジローの情報をもとに日本で布教することにします。

鹿児島に着いたザビエルは、島津家15代貴久に京都での布教支援を依頼。貴久は鹿児島での布教を許し、住まいを与え、京都行きを助けると約束しました。その後、スペイン出身の宣教師コスメ・デ・トルレスとともに日本の言葉や文化、習俗を身につけ、ヤジローと一緒に布教活動やキリスト教について説明するための翻訳につとめます。ザビエルは40日ほどでキリスト教について日本語で説明できるようになったそうです。鹿児島滞在期間中はしばしば手紙を記しており、遠方にいる同志たちにこの地とそこに住む人々の素晴らしさを書き送りました。

約1年薩摩国に滞在し、各地で布教に励み、100人以上が信者になります。ザビエルが持参したマリア像に貴久の母親も感激し、譲り受けようとしたといいます。

一方でザビエルは、薩摩の人々に「私が出会

った民族の中で最高であり、日本人より優れている人々は、異教徒のあいだでは見つけられないだろう」と最大級の賛辞を贈っています。島津家とつながりの深い福昌寺まで赴いて僧侶たちとも親しく交流。仏教とキリスト教という異なる宗教同士でありながら、ザビエルは積極的に寺院と関わっていたようです。

実はザビエルは、日本の文化に合わせて説明しようとするあまり、失敗もしていました。キリスト教があがめる「神」のことを「大日（如来）」と翻訳して説明。そのため、仏教の一派であるかのように勘違いされたようです。また島津家が用いた十字の家紋が、キリスト教の十字架と関わりがあるのではないかと興味も持ちました。

留学生ベルナルド

鹿児島で日本のことを学んだザビエルは1550年、いよいよ日本全国への布教のため、平戸（長崎県）経由で京都へ向けて出発しました。コスメ・デ・トルレスが平戸に残って布教活動に勤しむ一方、ザビエルの京都布教に同行したのが、鹿児島でキリスト教徒になったベルナルドです。彼は洗礼名だけが伝わっており、日本名は知られていません。ベルナルドはザビエルとともに京都や山口、府内（大分県）などで布教活動に取り組みました。

ザビエルが日本を離れる時にはベルナルドに加えてマテオという日本人も同行し、ゴアに向かいます。彼らは実際にヨーロッパを見聞し、帰国して日本の人々に伝えたいと願ったのです。

ザビエルが明王朝布教を目指し、改めて東アジアに向かう一方、ベルナルドとマテオはゴアに残り、かつてヤジローが学んだ学校で勉学に励みました。しかしマテオは現地で死亡。ベルナルドも病になりますが回復し、キリスト教をより深く理解するために、ポルトガルに渡ります。途中、再び病気になりながらも旅をつづけたベルナルドは、コインブラ（ポルトガル）で体調を整えながら学びました。彼は日本で最初のヨーロッパ留学生になったのです。

彼はさらにスペインを経てローマに向かい、ザビエルとともにイエズス会を設立したイグナチウス・ロヨラたちと交流。さらにカトリック教会の最高指導者であるローマ教皇パウルス4

世とも面会することができました。

宣教師たちはベルナルドのことを「とても徳の高い人物で、キリスト教への信仰心があつく、性格もよかった」と書き残しています。ザビエルは、ベルナルドをヨーロッパに留学させることで、日本の素晴らしさと日本でキリスト教を広めることの重要性をヨーロッパの人々に知ってもらいたかったようです。しかし長旅がたたったベルナルドはコインブラ大学で学んでいる最中に体調が悪化。帰国するという夢が叶わず、1557年にポルトガルで亡くなりました。

襲撃に気をつけろ！

一族や家臣からでさえも命を狙われる時代、島津の主も気を付けなければなりません。貴久による島津統一まで非常に危ういことも多く、実際に島津日新斎の父・伊作善久は馬飼いに撲殺されました。

江戸時代後期に薩摩の伝承・説話をまとめた『薩藩旧傳集』には貴久が敵の襲撃を受けた話がいくつか記されています。貴久が趣味で椿の木を植えており、家臣と椿の世話をしていた時、敵兵がやって来て自らの屈強な家臣が殺されてしまうほど危うい状況になったという話があります。それ以降、貴久は椿の趣味はやめ、死後も彼を弔う南林寺（現在の松原神社）には椿の花は供えられなかったといいます。また、浜辺へ釣りに出掛けた時には敵が船を漕いで来て襲撃。少数の家臣しかいなかった貴久は、塩づくりの職人の協力を得て身を隠してもらい、難を逃れたといいます。彼を助けた塩づくりの職人は後に侍の身分に取りたてられたそうです。このほかにも貴久が島津の主となった直後に敵方から毒殺されそうになった伝承があったり、実際に敵に攻められて鹿児島から脱出することになったりしています。

第2章　三州統一の轍

1 城から城へ

ヨーロッパの人々が訪れるようになった1540年代、島津本家の居城は伊集院の一宇治城（日置市）でした。島津日新斎（忠良）・貴久父子が島津本家の主の座をめぐる争いの拠点としていたからです。島津薩州家との争いが鹿児島や加世田、市来と薩摩の各地でおこなわれていたため、薩摩半島の中心部として伊集院にいることが都合よかったのでしょう。

　元々の島津本家の拠点であった鹿児島を攻め取り、貴久が本家の主となった後も、薩摩半島北部の反島津勢力と対抗するため、しばらくは伊集院を拠点としていました。しかし太守として九州南部一帯を治める場合、薩摩のみならず大隅半島まで治めることを考えると、伊集院では交通面でやや不便です。そこで貴久は、水運の便が良い鹿児島湾に面し、本家が室町時代に代々本拠地を置いていた鹿児島に拠点を移すことを考えました。貴久以前の島津本家の居城は、鹿児島北部の清水城でしたが、戦乱の中で荒れ果てていました。そこで新たにその近くの平地に居城を構えます。

　内城（御内）と呼ばれたこの城は、清水城や一宇治城と異なり、敵が攻めてきた時に籠もる山城がすぐそばにありません。いざという時には昔、周辺に築かれていた城を再利用しようとしたものと考えられています。また熊本城のような天守閣も高い石垣もありません。質素な居館だったと伝わっています。代わりに築いたの

が城下町です。現在の鹿児島駅より西側の一帯は貴久が整備しました。このほか城下北部にあたる吉野地区の牧場では中東ペルシャなど外国産の馬を飼育するなど、貴久は城を強固に整えるのではなく、城下の生活を整えていったのです。

その頃はまだ大隅半島の勢力が島津家と対立している時代。貴久は地域を豊かにした上で、彼らと戦い、地域の統一を進めようと考えたのでしょう。

2 老中・伊集院忠朗

島津貴久が大隅半島へ進出する際、彼の右腕として活躍したのが老中の伊集院忠朗（ただあき）です。彼は日新斎・貴久を支えて、島津本家の座をめぐる争いでは伊集院から鹿児島や谷山へと転戦して活躍。日向（ひゅうが）出身の僧侶・日我（にちが）は、日新斎と忠朗について「君臣ともに文武の達者であり、その思考や智謀（ちぼう）はほかに比べられないほど優れている」と記しています。

1548年、大隅半島で最も大きな神社・大隅正八幡宮（しょうはちまんぐう）（鹿児島神宮）の人々から「神社一帯の武将たちが争乱をおこそうとしているため、守ってほしい」と頼まれると、忠朗を大将とした島津軍は鹿児島から船で出陣、現地で勢力を誇っていた本田薫親（しげちか）と戦って勝利をおさめます。飫肥（おび）（日南市）を治めていた島津豊州（ほうしゅう）家からも救援依頼を受け、日向国の戦国大名・伊東義祐（いとうよしすけ）の攻撃から彼らを守りました。

その後、島津本家から離れて敵対していた肝付（きもつき）氏（加治木を拠点とした一族）とも黒川崎（くろかわさき）（姶良市）で決戦。入来院（いりきいん）氏や祁答院（けどういん）氏、蒲生（かもう）氏がこぞって肝付氏を支援したため、半年にわたって対決しますが、忠朗は息子とともに火矢を放ち、敵陣を焼き払いました。この後、肝付氏は島津氏に降伏することになります。

忠朗は貴久たちと一緒に合戦する時には「軍配者（ぐんばいしゃ）」という役目を担いました。これは占い（くし）やまじないを駆使して島津軍に勝利をもたらしたり、勝（かち）どき（戦に勝った時のかけ声）を挙げ

たりする役割です。忠朗のサポートによって島津軍は勝利を重ね続けました。そして彼以降、伊集院家は戦国島津をすぐそばで支える存在になります。

3 岩剣城の戦いと島津の戦術

鹿児島に入った島津貴久は「御屋形様（おやかたさま）」と呼ばれ、一族の中核としてより敬（うやま）われるようになります。一方で島津以外の武将たちは、結束した島津一族が自らの勢力を削ぐと危険視。彼らは島津氏に降伏して仲間になった肝付（きもつき）氏（加治木を拠点とした一族）を攻撃することで、団結を弱めようとしたのです。1554年、蒲生（かもう）氏や祁答院（けどういん）氏、菱刈（ひしかり）氏、北原氏といった薩摩北部・大隅北部を治める人々が肝付氏を攻撃するのに対し、貴久は肝付氏に援軍を送りながら祁答院氏の拠点・岩剣（いわつるぎ）城（始良市）を攻撃しました。

険しい山々という地形を活かし築かれた岩剣城を攻め落とすため、貴久は弟の忠将（ただまさ）、尚久（なおひさ）のほか、息子の義辰（よしたつ）（義久）、忠平（ただひら）（義弘）、歳久（としひさ）とともに出陣。息子3人にとっては初めての合戦でした。戦場には日新斎の姿もあり、3世代が揃いました。

1カ月ほど続いた小競り合いに義辰たちはしばしば参加。近くの海辺では敵味方双方が火縄銃を撃ち合います。救援に来た島津の反対勢力が城の麓で島津氏と戦って撃退されると、直後に城は島津氏によって落とされました。伝承によると、攻めあぐねた島津軍に対して狐が光を灯して城の攻め方を伝えたといいます。攻め落とした岩剣城は忠平が守ることになり、彼は麓に平松館（ひらまつやかた）という居館を建てました。

翌年には帖佐（ちょうさ）（始良市）で島津氏と祁答院氏が交戦。貴久はおとりの部隊を使って敵をおび

き出し、伏兵(ふくへい)を使って挟み撃ちすることで勝利をおさめました。この戦術は「釣り野伏(つのぶせ)」と呼ばれるもので、後に戦国島津を象徴する戦術と称されることになります。

蒲生攻めの苦しみ

貴久の子どもたちが初陣を果たした後も、島津氏は順風満帆というわけではありませんでした。対立する勢力との戦いでは、時に苦戦を強いられることもありました。その代表が蒲生氏との争いです。

蒲生氏は平安時代から続く一族で、内乱が相次ぐ室町時代には老中として島津本家を支えていました。しかし11代忠昌の自刃後に島津本家が衰退すると、周辺の一族とともに島津氏に対抗。14代忠兼は蒲生氏を攻めますが、返り討ちにあい大敗を喫したこともあります。

貴久は蒲生氏を攻めるか否かとても悩み、平和的な解決にすべきかどうか大隅正八幡宮で何度もおみくじを引いて「神様の意思」を仰ぎました。しかし、最終的には蒲生攻めを決定し、1555年に蒲生氏の居城・蒲生城（姶良市）を包囲。3年におよぶ戦いが始まったのです。

貴久は小競り合いを続けながら、相手の戦意を失わせようとしますが、蒲生氏を味方する祁答院氏や菱刈氏、さらには日向国の大名・伊東氏が援軍や火縄銃などを補充して支援していたため、なかなかうまくいきません。激戦の中、貴久の三男・歳久は左足を射抜かれる重傷を負ったほか、貴久の馬や長男・義辰のかぶとにも矢があたりました。さらに次男・忠平が戦った際、敵を討ち取る活躍をしましたが、同時に矢を5本も受け負傷しています。最終的に蒲生氏を支援する菱刈軍の大将を島津忠将が討ち取

り、菱刈氏が蒲生城支援から手を引くと、孤立無援となった蒲生氏は城を明け渡します。

多くの傷を負いながら島津氏は蒲生氏に勝利しましたが、それほど島津氏以外の一族も島津氏に抗うだけの力を持っていたということでしょう。

5 大隅の雄・肝付兼続

島津氏が薩摩半島を中心に少しずつ勢力を拡大している頃、鹿児島湾を挟んだ大隅半島で大きな力を持っていたのが肝付氏でした。肝付氏は平安時代から大隅にいた一族ですが、戦国乱世においてその最盛期を築いたのが肝付兼続（かねつぐ）です。

兼続が肝付氏の主となったばかりの頃は、現在の肝付町とその一帯が勢力範囲だったようです。しかし彼は、島津氏の主の座をめぐる混乱の時期に、島津豊州家や北郷（ほんごう）家といった日向国南部を治める島津の分家と協力しながら勢力を拡大していきます。島津貴久の姉・御南（おなみ）を妻に迎えた上、自らの妹を貴久に嫁がせるなどして日新斎・貴久父子と深い関係を築くようになります。また山間の高山（こうやま）城（肝付町）を居城としながら、波見（はみ）（肝付町）や高須（たかす）（鹿屋市）といった大隅半島の港湾拠点を確保。大隅東部の波見を中心とした肝付川河口一帯や、大隅西部の高須は倭寇（わこう）の拠点であったようであり、1550年代の高須には大陸出身者が200人ほど暮らしていました。大隅南端を治める禰寝（ねじめ）氏や現在の垂水市周辺を治める伊地知（いぢち）氏といった大隅半島の諸勢力と婚姻関係を結び、地の利を活かした兼続は、やがて大隅半島一帯に影響を与えるようになります。島津本家領土をめぐる戦いにおいても、兼続は度々援軍を送りました。

やがて島津の分家と領地が隣接するようになると、日向国を治める戦国大名・伊東義祐と手

を結んで、島津一族と対抗。兼続の長男・良兼(よしかね)は義祐の娘と結婚します。貴久も次男・忠平を飫肥を治める島津豊州家の養子とし、一族を守ろうとします。一説によると、宴会の席でのやり取りが引き金となり、肝付氏と島津氏は対立したといいます。義理の父である日新斎は、兼続のもとに行って1カ月あまり説得したといいますが、両者は敵対してしまいます。島津氏と肝付氏という薩摩・大隅の両雄が激突することになるのです。

6 廻城の戦いと忠将・尚久

　1561年、肝付兼続（かねつぐ）は島津氏の味方をしていた廻久元（めぐりひさもと）の城（廻城）を奪い取ります。鹿児島湾の奥にあり、陸海の交通の要であったこの城を手に入れることで、島津貴久たちが日向方面の島津の分家を支援できないようにする狙いがあったのでしょう。城を取り戻すために出陣したのが貴久の弟・忠将です。忠将は父・日新斎や兄を支え、清水城（しみず）（霧島市）の城主として敵対する勢力との最前線を守っていました。彼は島津氏の味方をする大隅の軍勢を率いて、廻城攻めを行ったのです。

　兼続は禰寝氏や伊地知氏ら大隅半島を治める近隣の勢力とともに島津氏に対抗。島津氏と肝付氏の軍勢が向かい合った直後、一度和平が結ばれました。そして救援として参加していた貴久が戦場から離れ、島津の軍勢が忠将と少数の軍勢になった時、肝付氏の軍勢が攻撃をしかけたのです。多くの敵兵を前に、一度退くべきと主張する味方もいましたが、忠将は突撃。海上の船からの弓矢や陸からの攻撃を受け、激闘の末に忠将は命を落としてしまいます。

　忠将の死の翌年、貴久と忠将の弟である尚久も病死しました。尚久は海上交易の拠点である薩摩半島南端の領主として倭寇も支配していたといいます。戦場では5尺（150センチ）もの長さの大太刀（おおたち）を振るい、弓矢の名手だったといわれ、貴久にとって忠将同様、頼れる弟でした。有能な弟たちを失いながら、貴久をはじめ

島津氏は、この後も大隅半島をめぐって肝付氏たちと争いを続けたのです。

勝利した兼続はさらに島津の分家が治める志布志（しぶし）を攻め取り、伊東氏と連携してさらなる拡大をはかっていきました。

7 貴久の隠居、四兄弟の時代へ

2人の弟を立て続けに亡くしたものの、貴久は悲しみにくれる余裕はありません。反島津の連合軍に対し、一族を束ねる存在として行く末を考えなければならなかったのです。

ここで貴久は2つの方針転換を行います。一つは肝付氏が治める東の大隅半島を攻めるのを一時とりやめ、北への進出に集中することです。その頃、現在の湧水町や霧島市北部、宮崎県のえびの市、小林市一帯を治めていた北原氏が内紛を起こしていました。貴久は北原氏の領地に進攻。一帯を治めるとともに、日向国の戦国大名・伊東氏から島津氏の領地を守るための拠点とします。一方で島津豊州家の養子としていた次男・忠平を本家に戻しました。豊州家の居城・飫肥城は伊東氏に攻め取られてしまいます。

もう一つが、次の世代へのバトンタッチです。長男・義久は、日新斎から島津の主としての心得を教わりながら成長していました。1564年、義久は京都の朝廷から修理大夫に任じられます。これは元々貴久が任じられていた役職です。貴久も室町時代の島津家が代々就いていた陸奥守になります。これにより、義久が貴久の跡継ぎであると国の内外に示したのです。分家が本家を乗っ取ったり、家臣が主君を攻め滅ぼしたりすることが少なくなかった戦国乱世において、島津の主の座が安定的に世襲されたことが示されることになりました。

義久が修理大夫に任じられた年、忠平は飯野城（えびの市）に入ります。この地は薩摩、大隅、日向、肥後の4カ国の境界にあたる場所であり、忠平は伊東氏や肥後南部の相良氏からそこを守る役割が与えられました。その2年後、貴久は隠居して出家。義久は貴久の跡を継いで島津家の主となります。時代は貴久から息子たちである義久、忠平、歳久、家久の「島津四兄弟」へと移っていくのです。

8 アルメイダ来訪

島津貴久から「四兄弟」に代替わりする頃、ルイス・デ・アルメイダという人物が薩摩にやってきました。彼は商人であり、医師の知識を持ちながら、キリスト教の布教活動に尽力したポルトガル人です。

彼は１５６１年に薩摩国を来訪。その10年以上前に、ザビエルから教えを受けた信者たちと交流するためです。阿久根経由でかつてザビエルが布教した市来鶴丸城（日置市）に入りました。アルメイダはこの城の深い堀を見て「人間業ではできないもので、奈落の底のような深さである」と記しています。

まず、彼はこの城の主・新納康久の家族や家臣と話しました。病を癒すために使ったと伝わるムチなど、ザビエルから市来の人々がもらった品々を見て、キリスト教が根付いていることを確認。そして城主の一族に洗礼を施します。鹿児島では貴久からはヨーロッパ人との交易拡大について要請を受けます。その頃は、平戸（長崎県）や豊後（大分県）にポルトガル船が多く入っていたため、貴久はもっと鹿児島にも船が訪れることを期待していたのです。実際にアルメイダは貴久にかわってポルトガル語でインド（ポルトガルのアジア交易の拠点）にあてた手紙を代筆して送りました。

ザビエルと親しくしていた仏教の僧侶にも会って、宗教談義を行い、彼の眼を治療しました。さらに坊津（南さつま市）まで赴き、そこに停

泊していたポルトガル船の乗員の診察もおこなったほか、阿久根に自らの船を泊めていたポルトガル人とも交流します。このことからこの時代に、九州南部各地にポルトガル人が点在していたことがわかります。

アルメイダはその後、78年と83年にも薩摩を来訪。鹿児島城下にも教会が建てられたようです。島津義久の兄弟や、家臣の一部は彼に好意を寄せていました。しかし、敵対していた大友氏のスパイではないかと思われた上、彼をよく思わない家臣や寺院の反発もあり、鹿児島を去りました。

四兄弟の結婚

島津家の中心が貴久の息子たち「四兄弟」になる中で、彼らもそれぞれ妻を迎えます。長男の義久は、はじめ自らの叔母（日新斎の末娘）と結婚し、彼女の死後は種子島時尭（たねがしまときたか）の娘（日新斎の孫）と再婚。彼は跡継ぎとして、島津家を建て直した祖父・日新斎の血縁者と結婚したようです。義久は3人の娘に恵まれました。

三男・歳久は、14歳年上の女性と、敵将の妻だった人物の2人と結ばれました。前者の女性との間に娘が1人生まれます。娘は、義久の長女が産んだ忠隣と結婚し、歳久は彼を養子とします。四男・家久は、島津家の重臣・樺山善久（かばやまよしひさ）と日新斎の娘との間に生まれた女性と結婚。2男2女に恵まれました。

次男・忠平は、はじめ島津家の分家・北郷家の女性と、後に肥後南部の戦国大名・相良氏の女性と結婚しますが、別れました。3度目の結婚相手が、後に宰相殿（さいしょうどの）と呼ばれる女性です。彼女はあまり身分の高い家柄の出身ではありませんでした。しかし、彼女が川で大根を洗っていた時、忠平が馬に乗って通り過ぎる途中で彼女に大根を求めます。相手が何者かわからないものの、身分の高い人物と察した彼女は、丁寧な対応で大根を渡します。彼女のしぐさに惹（ひ）かれた忠平は、彼女と結婚したそうです。その頃としては珍しい恋愛結婚でした。

忠平と宰相殿の仲はとても良く、手紙もたくさん残っています。忠平が50代後半の頃、戦地

にあって離れ離れで暮らしている時に「夕べ貴女を夢で見て、たった今まで会っていたかのような気持ちで手紙を書いています」と記しています。別の手紙には、遠く離れて暮らしながら、子どもたちの教育内容について忠平が彼女に書き送っているものもあります。なお忠平の子どもは5男2女いましたが、早く亡くなる子どもが多く、彼の死去時点で存命していたのは1男2女でした。

四兄弟は愛する人からの支えを受け、子どもたちに囲まれながら活躍したのです。

10 薩摩国平定と祖父・父の死

かつて本家の主の座をめぐって島津貴久と争った出水の分家・薩州家は、実久の子・義虎のところへ義久の娘が嫁いできたことから、本家に従います。義久が本家の主となった頃、薩摩国で従わないのは、現在の伊佐市を治める菱刈氏と薩摩川内市を中心に支配を広げる入来院氏、東郷氏だけになりました。彼らは日向国の伊東義祐や肥後国（熊本県）南部の相良義陽といった隣国の戦国大名の支援を受けて島津氏と対峙していたのです。

1556年、義久は忠平、歳久と一緒に、日向国伊東氏の三之山城（小林市）を攻撃するも敗退し、忠平は重傷を負いました。兄弟だけの力ではうまくいかないと考え、父・貴久の支援を受けて菱刈氏を攻撃しますが、彼らが籠もる大口城をなかなか攻め取ることができません。撤退する島津軍が敵から追撃を受けることもありました。激戦の最中、義久たちの祖父・日新斎は隠居先である加世田（南さつま市）で77年の生涯を終えます。

菱刈氏との戦いの中、義久の末弟・家久や貴久の教えを受けた新納忠元をはじめ、新しい戦力がその中核を担うようになります。彼らは大口城に籠もる菱刈氏やその援軍でやってきた相良氏の軍勢に対して、敵兵を城の外におびき出して挟み撃ちするという、島津氏得意の「釣り野伏」で撃破。救援でやってきた相良軍が目の前で敗れた菱刈氏は、さらに貴久、義久父子率

いる島津軍に大口城を包囲されたため降伏。領地の大部分を差し出します。

周囲を島津の勢力に囲まれた入来院氏、東郷氏は領地の大部分を島津氏に差し出して1570年に降伏。薩摩国は島津義久のもと統一されたのです。これを見守った貴久は翌年、父と同様、隠居先の加世田において58歳で亡くなりました。一説によると毒キノコにあたって死んだといいます。

11 木崎原の戦い

やぁ、私は島津忠平さまが乗る栗毛(くりげ)の馬よ。加治木の牧場で生まれたって言われているの。1571年、忠平さまの父・貴久さまが亡くなり、島津の家は悲しい気持ちに包まれていたわ。この時を狙って攻撃してきたのが、日向国の戦国大名・伊東義祐(いとうよしすけ)。貴久さまが亡くなった翌年、義祐の家臣が率いる3千人の軍勢は、肥後南部を治める相良の軍勢とともに忠平さまが守る真幸院(まさきいん)（えびの市）に攻め込んできたの。

伊東軍は、はじめ忠平さまが守る飯野城ではなく、妻・宰相殿と兵士50人で守る加久藤城(かくとうじょう)を攻撃。しかし宰相殿は事前に伊東軍にスパイを送り込んでいて、味方とともに奮戦して60倍の敵から城を死守したわ。また伊東軍の味方として攻め込もうとした相良軍に対し、忠平さまは、お坊さんやお百姓(ひゃくしょう)さんの協力を得て山に大量の旗を並べることで、島津の大軍がいるように思わせて撤退させたの。お2人ともとても聡明(そうめい)でしょ。

攻めあぐねた伊東軍は、暑い日だったので近くの川で水浴びをしながら体を休めていました。その情報を得た忠平さまは軍勢を送り襲撃。さらに私に乗った忠平さまや加久藤城などからの援軍で伊東軍を囲いこんで攻撃したの！　乱戦の中、忠平さまと私は連携プレーで敵の武将を討ち取ったの！　私が膝をついて、忠平さまの槍(やり)で敵将を突きやすくしたことから、この後、「膝跪騂(ひざつきくりげ)」と呼ばれるようになっ

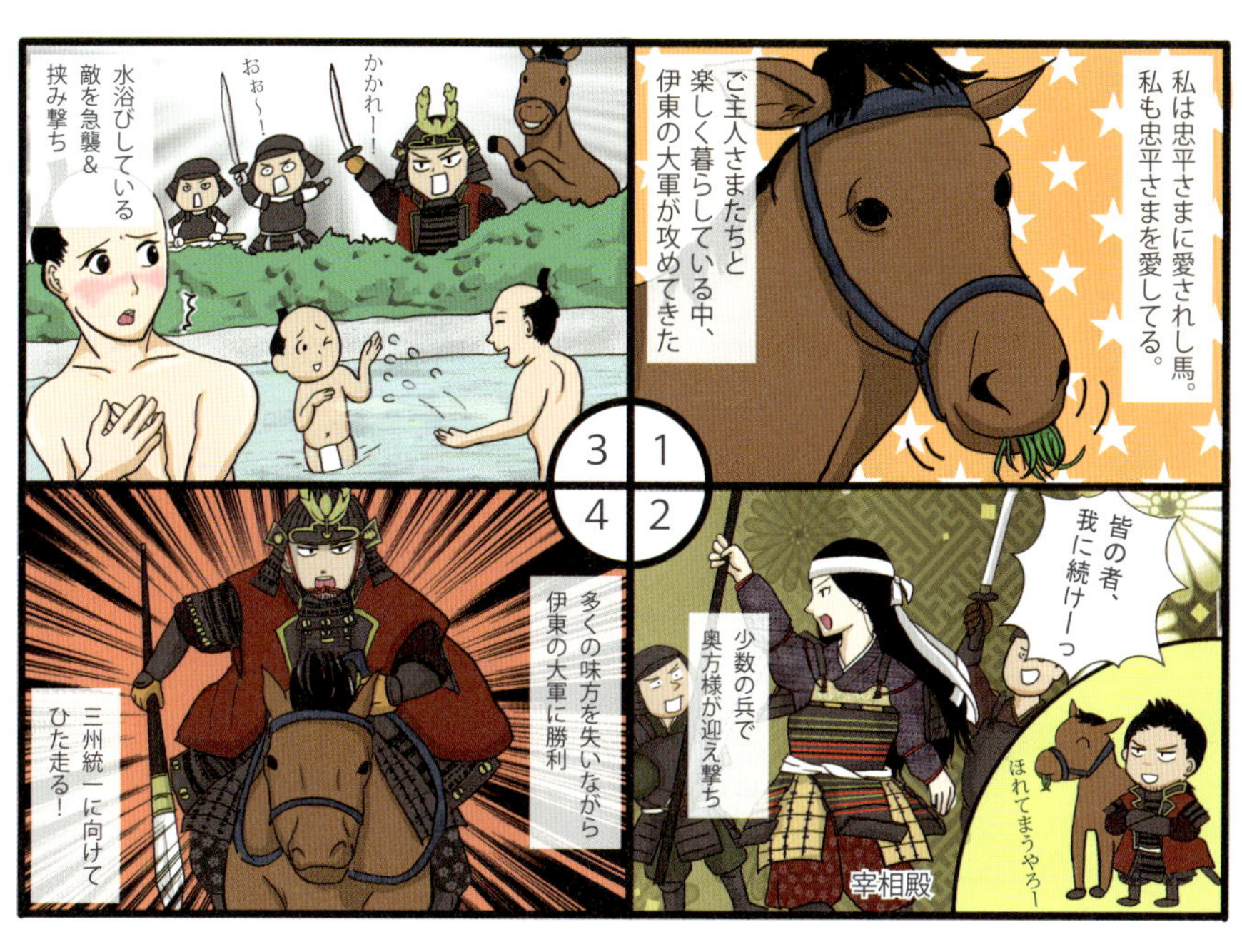

たわ。多くの犠牲を払いながらも、伊東の武将をたくさん討ち取って勝利をおさめたのよ。

この木崎原の戦いで負けた伊東氏は、衰退していくことになったの。私はというと、その後も長生きさせてもらって80歳ぐらいまで人生ならぬ「馬生」を堪能したわ。

⑫ 大隅平定

木崎原の戦いで伊東の大軍に勝利した島津氏に対し、大隅半島の反島津の勢力は危機感を抱きます。半島一帯に勢力を築いた肝付兼続はすでに1566年に亡くなっており、薩摩半島の反島津勢力も1570年に義久に降伏していましたが、肝付、禰寝、伊地知氏の三氏が伊東氏と協力して島津氏と対立していたのです。

木崎原の戦いの直前、大隅半島の勢力が300隻余りの軍船で鹿児島湾を渡り、桜島と鹿児島を攻撃しようとしますが、島津家久たちに撃退されてしまいます。木崎原の戦いの後、島津歳久は現在の垂水（たるみず）にあった伊地知氏の城を奪取。さらに庄内（都城市）を治める北郷氏が大隅北部で肝付氏との争いに勝利し、肝付氏の重臣を討ち取ります。徐々に大隅半島に島津氏が攻め込んでいったのです。

この状況でいち早く島津氏に降伏したのが、大隅半島の南端を治める禰寝氏でした。自らの領地の維持を認めてもらうかわりに島津氏に従って肝付氏を攻撃したのです。肝付氏、伊地知氏は連携して戦いますが、島津氏は歳久、家久兄弟を中心に禰寝氏と力を合わせてこれに対抗。歳久は肝付氏重臣が守る牛根（うしね）城（垂水市）を攻め落とします。かなわないと悟った伊地知氏は領地と人質を差し出して降伏します。

肝付氏の主・兼亮（かねすけ）（兼続の次男、御南（おなみ）の義理の子）も和平の道を模索しますが、うまくいきません。廻城などを明け渡すことで島津本家と

の和平は成立しましたが、長年争い続けてきた北郷氏との争いは続いており、裏では伊東氏とも手を組み続けていたのです。しびれを切らした亡き兼続の妻で島津日新斎の娘・御南は、兼亮夫人（兼続の長男・良兼の娘）と手を組んで兼亮を日向国に追い出し、速やかに降伏。74年、女性たちの働きによって島津氏は大隅国を平定しました。

13 家久、京都へ行こう

薩摩・大隅の2カ国を平定した島津氏。四兄弟の末弟・島津家久は、この平定は神仏のご加護があってのことだと考え、京都を中心に近畿各地の寺社参詣に向かいました。およそ5カ月におよぶ旅です。1575年、家久一行は妻子に見送られて串木野を出発。途中、新田神社（薩摩川内市）をはじめ高良大社（福岡県）や厳島神社（広島県）を参詣します。道中、理不尽な関所の番人に対して集団で暴れたり、瀬戸内海の海賊（水軍）ともめごとを起こしたりしながらも、なんとか京都に到着したのです。

家久は舅・樺山玄佐と交流のある有名な歌人（連歌師）・里村紹巴に宿泊を世話してもらい、京都で長期滞在します。嵐山や清水寺、金閣、北野天満宮といった名所をはじめ、「源氏物語」など古典文学ゆかりの地や祇園祭も見学。その頃、勢力拡大を進めていた織田信長の大軍勢にも遭遇しました。大坂での戦いを終えて帰る途中の信長は、側近に守られながら馬上で眠っていたと家久は記しています。さらに信長が4年前に焼き払った比叡山延暦寺も訪れました。

その後、家久は信長の家臣・明智光秀に招かれ、居城・坂本城（滋賀県）も訪問。城の整備やたくわえに驚いています。光秀から茶会に誘われた時には、茶ではなくあえてお湯で済ませたり、その頃流行していた連歌会の席で自分の番になると断ったりするなどしました。

このほか伊勢神宮（三重県）や東大寺（奈良

県)にも参拝した家久。帰りは山陰地方経由で、現地に商売でやってきていた薩摩出身者と交流しました。商売でやってきていた人々は石見銀山(島根県)で採れる銀を求めてやってきたものと考えられています。ヨーロッパ人との交易が盛んな平戸(長崎県)で虎の子どもを見た後、無事、串木野に戻りました。

乱世でありながら、各地を旅行したことはとても楽しかったらしく、日記に書き残しました。さらに島津氏を近畿で体感したことをもとに、飛躍させようとしたのでしょう。

14 近衛前久の薩摩来訪

島津家久が薩摩から京都に旅したように、京都から薩摩に向かった人もいます。その一人が近衛前久です。彼は天皇を支えて政治を行う関白に就くことができる家柄の人物で、自らも10代後半に関白に就任します（薩摩来訪時にはすでに辞任）。また武将たちとのネットワークも多く、室町幕府13代将軍・足利義輝のいとこにあたり、越後（新潟県）の戦国大名・上杉謙信と親しく、織田信長とも鷹狩を通じて交流した貴族です。

1575年、家久が京都から帰ってくると、すぐ上の兄・歳久も京都へ向かい、前久に会います。その直後、前久は薩摩に向かいました。半年間ほどの薩摩滞在に対し、島津の家臣たちは出水や鹿児島で歌会や連歌の会を開催したり、鎌倉時代から続く伝統的な武芸・犬追物を前久のために披露したりするなど、最大級のおもてなしをします。出水の神社には前久が製作させた三十六歌仙（古の有名な歌人たち）を描いた額が奉納されます。島津義久は前久から平安時代に編まれた「古今和歌集」の解釈についての指導を受け、義久の家臣たちも前久とともに京都からやってきた人々から伝統的な儀礼作法や伝統文化などの教えを受けます。中には後に京都からやってきた人の養子になった島津家臣もいました。

実は前久が薩摩まで来た理由は、織田信長が島津氏たちに九州での戦いをやめるように言っ

ていたことを伝えるためでした。実際に前久は島津氏だけでなく、相良氏のもとへも赴いています。島津氏はその命令を受け流すためにも、華やかなおもてなしをしたと考えられます。前久の本来の目的は果たされませんでしたが、薩摩の文化レベルの向上に大きな足跡を残したのです。

15 琉球王国との交流

島津氏が薩摩・大隅を統一する頃、奄美群島を含む南方の島々は琉球王国が治めていました。琉球王国の尚氏は、明王朝との積極的な交易を活かして、アジアの中継貿易の拠点として繁栄。島津氏とも倭寇の取り締まりや交易を通じて良好な関係を築きます。

島津氏は薩摩から琉球に渡る船に対し、朱印状と呼ばれる印判を添えた渡航許可証を出して海賊でないことを示し、琉球側もそれを確認して交易しました。島津貴久が島津氏の主となった時には「あや船」という華やかな船が琉球から薩摩へ来航します。

1570年頃、島津義久が父の跡を継いだことを琉球に伝え、貴久の時と同様、琉球からあや船がやって来ることを期待しましたが、なかなか到着しません。実はこの頃、5代国王の尚元は奄美に攻め込んだ時に大病を患い、王都・那覇に戻った直後に亡くなっていたのです。跡を継いだ尚永もまだ12歳。国内が混乱していました。また朱印状を持たない商人を受け入れないということも、琉球側は商業的にマイナスと考え、怠るようになります。

あや船が到着したのは、義久が連絡した5年後の75年でした。使節団は琉球の音楽と数多くの贈り物で義久を祝い、宴会は夜更けまで続きます。島津側は犬追物を披露して、双方楽しんだようです。

宴は華やかなものでしたが、島津氏はあや船

が遅れてきたことや、朱印状を持たない商人を受け入れたこと、島津の使者が那覇で雑に扱われたことなどを問題視し、苦情を伝えています。軽んじられないようくぎを刺し、安定した関係を築きたかったのでしょう。

16 伊東義祐と三州統一

戦国時代、一族をまとめ上げた島津氏は薩摩、大隅、日向の3カ国統一を目標としていました。しかし、その目標に立ちふさがっていたのが伊東義祐でした。彼は日向国一帯に勢力を誇り、京都からも従三位というとても高い位を授かっていました。ちなみに島津義久は1570年代の時点で義祐より8つ低い従五位下です。

義祐は日向南部の飫肥城(日南市)を治める島津の分家を度々攻撃。飫肥城が油津や外浦（とも に日南市）といった港湾拠点をおさえる要だったためです。飫肥を奪い取った義祐はさらに日向南西部にも進攻しましたが、1572年の木崎原の戦いで伊東軍が島津忠平率いる軍勢に敗れると、少しずつ衰えていきます。

76年、忠平ら島津四兄弟は、日向南部の高原城（高原町）を包囲。義祐は援軍を派遣するも、敵の大軍に圧倒されて手出しすることができません。すると城を守っていた伊東軍はあきらめて島津氏に降伏します。なすすべもなく味方を降伏させてしまった義祐に対し、伊東家臣たちの中に不信感が広まります。さらに翌年、四兄弟のいとこである島津忠長が、伊東氏にとって対島津の最前線となっていた櫛間城（串間市）を攻め落とすと、日向北端を治め、島津氏に近づいていた土持氏が伊東氏の城を攻撃。北の土持氏と南の島津氏から挟み撃ちにあうと、追い打ちをかけるように、島津氏の家臣の説得を受けて、義祐の親戚までもが寝返りを始めた

のです。

義祐は寝返った城を攻めようとしますが、家臣が次々に離れていくことに耐えきれず、本拠地の佐土原（宮崎市）を放棄。冬の山道を越えて豊後国（大分県）へと逃れたのです。

こうして島津四兄弟は悲願の三州統一を達成。家久が佐土原（宮崎市）に入り、日向を治めることになります。

大海賊時代の終焉

東アジアの海域一帯で活躍していた倭寇。鉄炮やキリスト教が伝わった後の彼らはどうなったのでしょうか。

自由に交易ができないから倭寇として海を荒らしていた彼らは、度々明王朝の討伐対象になります。しかし倭寇はかえって武装強化し、沿岸都市を攻撃するなど活発化してしまいました。そこで明王朝は逆に手なづける政策もとります。倭寇の頭目のひとり徐海に対して離反したメンバーを使って討伐。王直には官位をちらつかせて降伏させるも、直後に処刑します。

一方で明王朝はそれまで禁じていた交易を承認。ポルトガル人に対しても中国商人を仲介として交易をすることを許可しました。倭寇にならなくてもほとんど自由に交易ができるようになったため、倭寇が減ったといいます。ただし、明王朝は唯一、倭寇の本拠地と考えられていた日本との交易は認めませんでした。結果、ポルトガル人たちが日本と大陸とを往来して交易を担うことになります。

かつて水先案内人として倭寇の助けを受けていたポルトガル人が、25年ほど経つと、倭寇にとってかわってこの地域の交易者の中心になったのです。

第3章　九州平定の夢

1 九州探題・大友宗麟

日向国から伊東氏を追い出した島津氏。逃げた伊東義祐が頼ったのは、豊後国（大分県）を中心に九州北部を治めた大友宗麟（義鎮）です。豊後は薩摩同様、海外への輸出品として重宝された硫黄の産出地であったことから、東南アジアとの交易を積極的に行い、ザビエルのキリスト教布教を認めるなど、海外に目を向けていた大名でした。実際に府内（大分市）の大友氏館跡からは大量の舶来品が出土しています。宗麟は、九州一帯を統括する「九州探題」を自負し、九州の数多くの武将たちを配下にしていました。また現在の中国地方一帯を治める大名・毛利氏との戦いを繰り返し、瀬戸内海の西の端を支配していたことから、貿易拠点であった博多（福岡県）や堺（大阪府）にも影響力がありました。

宗麟は九州南部や南西諸島を経由して海外交易していたこともあり、島津氏とも親しくしていました。島津氏も大友氏が伊東氏と手を組んで自らの領地に攻め込んでくることを恐れ、仲良くしていたのです。

しかし、義祐を受け入れた宗麟は、日向進出を決定。島津氏が日向国まで抑えたことで、自らのアジア交易に支障をきたすのではないかと考えたようです。島津氏が九州の治安を犯したとみなし、「九州探題」として成敗しようしました。この直前の1578年、宗麟は洗礼を受けて「ドン・フランシスコ」と名乗ります。国

内外に圧倒的な影響力を持つ宗麟が率いた大軍は、日向で島津氏に反旗を翻した伊東の元家臣を支援。日向を支配することで、日向から南西諸島を越えた先にある東南アジアとの交易をより安定したものにしたかったのでしょう。

宗麟のさまざまな野望のもと、大友軍は島津氏に味方する日向北部の土持氏を滅ぼし、日向国へ攻め込んできたのです。

2 耳川の戦いと山田有信

１５７８年、大友氏の５万人近くの大軍が日向国へ進出しました。宗麟がゆるゆると南下する一方、その先発隊は高城（木城町）を包囲します。この城を守っていたのが山田有信です。彼は島津義久から信頼されていた老中であり、わずか３００人で高城を守っていました。兵力の差に危険を感じて援軍を頼み、急ぎ家久が城に入りますが、それでも3千人ほど。なんとか耐えながら追加の援軍を待ちます。

遅れて到着した義久、忠平（義弘）、歳久の３人が率いる島津軍本隊は、高城南方に進出して大友軍と対峙。援軍を合わせても大友軍との戦力差で劣る島津軍は、小規模の軍勢を敵の前方に送る作戦を取りました。大友の大軍は兵糧のことを考え、短期決戦を挑もうとします。島津の軍勢に誘われるように攻撃したところ、隠れていた島津軍に取り囲まれて敗北しました。

最初の戦いで敗れた大友軍は、次にどのようにすべきか意見がまとまりません。大友軍は、豊後のみならず九州北部の各地から集められており、一丸となっていませんでした。中にはひそかに島津軍と和平を結ぶ者もあらわれました。

まとまりのないまま翌日を迎えると、急ぎ決戦に挑もうとする大友軍の一部が島津軍に突撃。慌ててほかの大友軍も進軍しますが、島津軍の伏兵にあい敗北。さらに有信や家久など高城に籠もっていた軍勢が追撃してきたので、大友軍は総崩れになります。

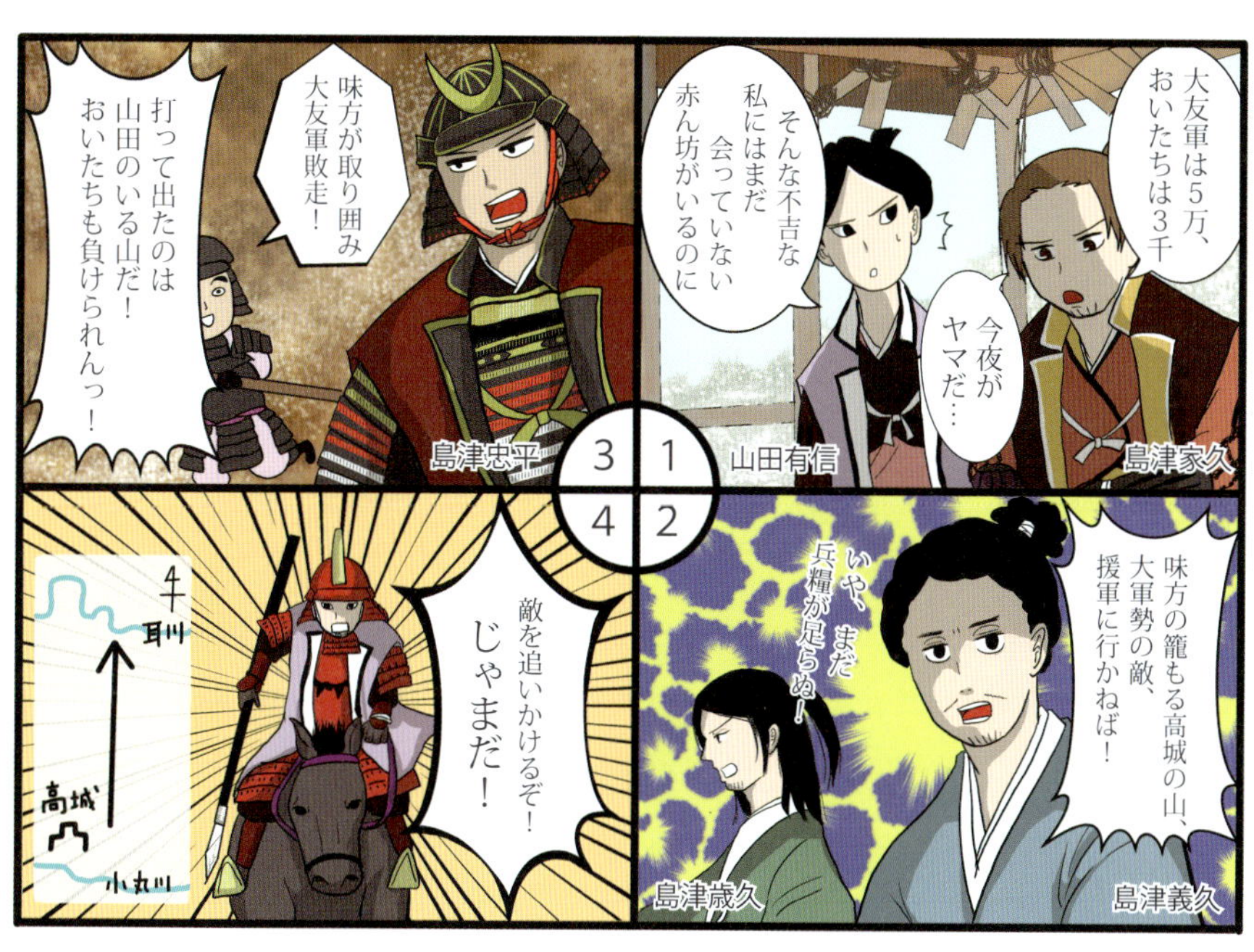

大友軍は戦場から豊後国を目指して逃走しますが、有信は地元の住民などの協力を得て20キロ以上先の耳川(みみかわ)まで追いかけて攻撃。遠く離れた場所に陣を構えていた大友宗麟も日向を放棄します。こうして島津氏は九州最大の大友氏に勝利したのです。この戦いは主な戦場となった地から高城合戦とも、追撃した場所の地名をとって耳川の戦いとも呼ばれています。

3 ゾウの行方

大友氏と島津氏との激闘・耳川の戦いは、海外交易に影響を与えました。東南アジアと積極的に交易をしていた大友宗麟は、島津氏と対立する3年前、カンボジアに交易船を派遣しており、帰りの船にはカンボジア国王からの返信や贈り物などが購入した品物とともに積まれていました。しかし、嵐のため船は豊後に到着できず阿久根（あくね）で航行不能に陥ります。その時には、大友氏は島津氏に船の積み荷の行方を心配する書状を贈っています。

耳川の合戦があった頃、宗麟は改めてカンボジアに船を派遣。国王・サター1世は使者に書状と贈り物を携えさせて送り出します。しかし、カンボジアからの船はまたもや豊後にたどりつきません。薩摩に漂着したとされていますが、大友氏と対立した島津氏が船を奪い取ったのかもしれません。

島津氏は乗船していた使者に「大友氏との戦いに勝利し、大友氏は没落してしまい、九州一帯は島津氏の支配下に入った」と、だいぶ大袈裟（おおげさ）な表現で状況を説明。するとカンボジアの使者は国王の書状を大友宗麟ではなく、島津義久に献上しました。その上で、カンボジアの使者はサター1世に状況を報告し、島津氏とカンボジアと友好関係を結びたいと表明します。義久も国王あての手紙を贈り、友好関係の基礎を築きたいと意思を示しました。

カンボジアの船を奪われた大友氏は激怒。返

還を求めますが、先の戦いで島津氏に敗北していたこともあり、戻ってくることはなかったようです。その船には、虎の子や鹿皮、ろうそくの原料となる蜂蝋（みつろう）、さらには象と象使いまで積み込まれていました。宗麟が待ち望んだ象たちは、島津氏のもとで飼われていたと思われます。この後、九州を代表する大名になった島津氏は、東南アジアの交易を主導する立場となりました。

4 2人の天下人

九州最大の戦国大名・大友宗麟の軍勢を撃破した島津氏。4兄弟と家臣たちが力を尽くしたこの耳川の戦いは、その後、九州以外にも影響を与えます。その頃、京都をめぐって対立していた室町幕府15代将軍・足利義昭と京の新たな覇者・織田信長、2人の有力者から依頼を受けることになりました。信長は義昭を京都から追い出し、新しい政治を描きはじめていました。一方で義昭は、再び京都に戻るため、中国地方の戦国大名・毛利輝元を味方につけ、再起を図ろうとします。

信長は、大友氏と協力して毛利氏の支配地を挟み撃ちすることが得策と考えます。そこで、大友氏が万全の状態で攻め込めるよう、島津氏に大友氏を攻撃しないことを求めたのです。そこで島津氏と親しい貴族・近衛前久を通じて要望を伝えました。宗麟自身も信長に接近し、島津氏と大友氏の和平を取り持つよう依頼します。

一方の義昭は、支援者である毛利氏が信長と大友氏の東西双方から攻撃されないようにすることを希望。大友氏が海を挟んで隣接する毛利氏の支配地に攻め込む余裕を与えないようにするため、島津氏に大友氏を攻めるよう依頼します。義昭は宗麟を「九州北部の6カ国を治める敵」と訴え、大友氏を討って島津氏が「九州太守（九州の支配者）」になるよう強く求めました。

国の中核となる2人の天下人からの強い要請

に対し、島津義久は悩みます。そして一度勝利したとはいえ強大な大友氏と直接戦うのではなく、大友氏が敗れたことで動揺する、大友氏と親しかった肥後国（ひご）（熊本県）を攻めることで新たな道を切り拓こうとしました。

5 相良義陽と水俣合戦

九州最大の大友氏の敗北は、九州の諸大名のパワーバランスを一変させました。大友氏に対して度々反発していた肥前国（佐賀県）の龍造寺隆信や筑前国（福岡県）の秋月種実は、大友氏から独立。ほかの九州北部の勢力も離反したほか、大友一族内部からも反乱する者があらわれてしまいます。この戦いの衝撃は、薩摩の北隣にあたる肥後国も同様です。その頃の肥後は複数の武将たちによって支配されていましたが、いずれも大友氏の影響を強く受けていました。しかし耳川の戦いの後、彼らはどのようにして自らの土地を守るべきか考えなければならなくなりました。

　薩摩半島に近い天草諸島の武将たちは、いち早く島津氏に従うことを表明。肥後北部の勢力も、大友氏に反旗を翻すと同時に、島津氏に支援を求めました。これに対して島津氏は、遠く離れたところからわざわざ支援を求められることは名誉であり、光栄なこととして、救援に向かいます。

　一方、肥後南部を治める相良義陽はなかなか島津氏に従おうとしません。相良氏は一時、忠平が相良氏の女性を妻に迎えるなど関係が良好な時期もありましたが、後に日向を治めていた伊東氏とともに反島津の勢力の加勢をして島津氏を攻撃するなど、関係が悪かったのです。耳川の戦いの翌年、島津軍は相良の領地に進出。義陽は龍造寺氏の仲介で島津義久と一時和平を

結びますが、すぐに破られます。

１５８１年に、島津軍は義久ら四兄弟を中心に３万とも５万ともいわれる大軍で再度肥後南部に進出。相良家臣が守る水俣（みなまた）城を包囲された義陽は、龍造寺氏に支援を求めます。しかし援軍を得られないまま、領地の一部を渡し、自らの息子を人質に差し出して、島津氏に降伏することになりました。

6 西九州の雄・龍造寺隆信

大友氏が衰退したタイミングで肥後国に進攻したのは島津氏だけではありませんでした。肥前国を治めた戦国大名・龍造寺隆信も同様です。

彼は幼くして僧侶となり、祖父や父は暗殺されるという不遇（ふぐう）な中で育ちました。しかし母親に支えられて家を継ぎ、見る見るうちに勢力を拡大。主君である少弐（しょうに）氏を攻め滅ぼし、肥前国の大部分を手中に収め、中国地方を治めた大内（おおうち）氏や大友氏に従属（じゅうぞく）しながらも同じく大友氏に従属している筑後（ちくご）国（福岡県）に攻め込み、度々小競り合いをおこなうようになります。

耳川の戦いで敗北した大友氏の力が弱まると、隆信は「島津とともに大友を攻める」という名目で肥後まで影響力を拡大させました。一方の島津氏は、相良氏を降伏させる前だったため、自らの領地と出陣先・肥後北部との間に敵・相良氏の支配地（肥後南部）があり、動きづらい状況でした。島津氏は龍造寺氏をともに大友氏と対立する仲間と思い、龍造寺氏側の圧力もあって一度攻め込んだ肥後北部からあえて撤退。すると、それに付け込んだ隆信は一気に肥後北部へ侵攻します。

島津氏は肥後南部の相良義陽を降伏させた結果、隆信に従う勢力に隣接することになります。島津義久は相良氏に肥後北部の攻撃を命令。義陽は島津氏のかわりに相良氏が戦う「代理戦争（だいりせんそう）」に出陣したものの、龍造寺氏側につ

いていた肥後北部の武将・甲斐宗運に敗北し、義陽は戦死してしまいます。相良氏に動揺が走りましたが、島津氏は義陽の息子を中心に相良氏がまとまるように努めます。一方で相良氏が治めていた八代などを島津氏自らが直接治める領地にしました。島津氏が八代を直轄地とすると、肥後各地の武将が龍造寺氏の支配から脱し、島津氏に服属することを望み、かつ龍造寺軍を追い払うよう島津氏に要請します。

肥後を南北に分けて、島津氏と龍造寺氏がにらみ合い、新たな戦いが始まろうとしていたのです。

7 沖田畷の戦い

1583年、島津氏の勢力は佐賀を本拠地とする龍造寺隆信の勢力範囲まで迫りました。肥後国は両者によって南北にほぼ分断され、島原半島（長崎県南部）でも対立。島津の家臣たちは当初、龍造寺氏と直接対立するのではなく、その影響下にある肥後北部での戦いを進めようと考えていましたが、手詰まり状態になってしまいます。

龍造寺氏に従った側にはいくつか問題が生じていました。肥後北部の赤星統家は隆信に従っていましたが、隆信からの出陣要請に2度応じなかったところ、人質となっていた妻や子が殺されてしまいます。そこで統家は島津氏に従うことにします。ほかの肥後の勢力も島津氏に従いたいと求めますが、敵対する肥後北部の阿蘇氏との戦いを優先したい島津氏は、龍造寺氏との戦いは避けたいと思っていました。しかし島原半島の領主・有馬鎮貴が龍造寺氏側から離反したところ攻め込まれ、島津氏に助けを求めてきたのです。そこで翌年、島津義久は弟・家久を中心に、統家や初陣となる家久長男・豊寿丸（のちの豊久）、薩摩と日向の軍勢あわせて3千人の軍を派遣します。さらに義久も島原に渡海しようと準備をすすめます。

家久は有馬軍と合流し、1万人に満たない兵を率いました。一方、隆信は義兄弟の鍋島信生（直茂）とともに3万とも5万ともいわれる大軍で一気に島原へ進撃します。敵の急な動きに

対し、家久は義久を待たずに、龍造寺軍との決戦に挑むことを覚悟しました。そして沖田畷に土手や堀を築き無数の柵を設けて攻撃に備えたのです。

開戦当初は、数で勝る龍造寺軍が大量の鉄炮を駆使して圧倒しました。しかし有馬軍に味方するイエズス会の船が海上から砲撃したのに加え、家久が「少しも恐れず勇敢に攻撃すべし」と味方を鼓舞したことから、島津軍は一丸となって敵に突撃。島津軍の攻撃によって前のめりになっていた龍造寺氏の陣は崩れました。そして島津軍の一部が龍造寺本陣に攻め込み、隆信を討ち取ったのです。豊寿丸も新納忠元の支援を受け、敵兵を討ち取りました。

この沖田畷の戦いで、龍造寺氏は隆信をはじめ、優秀な家臣を失い、衰退していきます。そして島津氏は九州内で並ぶ者がない勢力になったのです。

8 肥後平定と戸次道雪

1584年に沖田畷の戦いで龍造寺隆信を討ち取ると、島津軍はただちに龍造寺氏の勢力が衰えて動揺する肥前北部に軍勢を送り込みます。するとそれまで龍造寺氏に従っていた彼らは、次々に島津氏に従うことを表明しました。

これに対し、大友宗麟を支え、勇猛な武将として知られた戸次道雪や高橋紹運は、島津氏に「主がいなくなった龍造寺氏に一気に攻め込もう」と提案してきます。一方で主を失った龍造寺氏も筑後国の秋月種実の仲介で島津氏に降伏。その上で「大友氏を退治してくれたら、九州の守護として称賛する」と訴えます。板挟みになった島津氏は、龍造寺氏が傘下に加わることは許すものの、大友氏、龍造寺氏どちらも攻めない選択をします。

翌年、島津忠平は息子がいない兄・義久の後継者に就任。八代を拠点に島津軍をまとめます。そして肥後で唯一、島津氏に従っていなかった阿蘇氏を攻撃。追い出して肥後国を統一したのです。統一後、現地を治める地頭を肥後各地に配置し、島津氏のもとでの新たな支配体制を築きはじめます。

一方、肥後の北隣にあたる筑後には、戸次道雪ら大友氏の名将たちが攻め込んで勢力を回復し、陣を構えていました。彼らは、忠平や家久ら優秀な島津軍が自らの領地に攻めてくることを恐れていたのです。特に道雪は家久のことを「飲酒や遊びをおこなわず、武に偏った人

物」と危険視していました（実際にはよく酒を飲んでいます）。家久はこの時すでに大友氏に従う武将に対し、島津氏に寝返るよう促しており、大友氏と島津氏は合戦間際にいたっていたのです。

大友氏は柳川（福岡県）をめぐって島津氏側についた龍造寺氏と対立するも、攻め取ることができません。拡大する島津氏に対し、劣勢の大友氏は次の一手を考えていました。

9 戦国武士のたしなみと島津歳久

戦国乱世というと、戦いばかりしていた印象ですが、その合間に薩摩の人々は、武士のたしなみとして武芸や運動もしていました。その代表が犬追物と鷹狩、蹴鞠です。

犬追物とは、定められた区域で馬に乗り、犬に向かって矢を射るものです。犬を殺さないように矢尻は木製の筒になっていました。鎌倉時代からの歴史を持ち、島津家でも少なくとも室町時代からおこなわれていました。戦国時代、全国的に執り行われることが激減する中で、島津家では主の代替わりの際などに大規模に行われていたほか、琉球王国から使者が来た時にも開催。身分の高い家臣たちにとって必須の武芸だったらしく、犬追物開催時に何もしないとなると、主の機嫌が悪くなったようです。そのような中で、島津歳久は犬追物がとても上手で、実際に何匹も当てた記録が残っています。また犬追物の専門の家から「弓馬の秘術」を授かりました。

鷹狩は訓練した鷹を使って鳥を捕まえるものです。日向国は良い鷹が得られると全国的に知られており、島津家は三州統一後、時の天下人にしばしば鷹を贈りました。義久、忠平、歳久は兄弟で桜島へ鷹狩に行くなど、領内各地で楽しんでいました。家臣たちも鷹を飼い、訓練に励んでいます。近衛前久や彼とともに薩摩に下向した伊勢貞知という人物は鷹狩の知識に富んでおり、島津の一族や家臣たちは彼らから教え

を受けています。

蹴鞠は8人ほどで馬と鹿の皮で作られた鞠を蹴り続けるものです。競うものではなく、どれだけ続くかを楽しむものでした。「蹴鞠の家」として知られた京都の飛鳥井(あすかい)家という一族から学んだ歳久は、蹴鞠にも秀でており、特別な沓(くつ)や衣装を身につけることを許されました。飛鳥井家と島津家との交流は長く続き、幕末まで蹴鞠に関するやり取りが行われています。

相次ぐ戦いの場から離れたひととき。交流やリフレッシュのために行っていたのでしょう。

10 上井覚兼日記

戦国時代、どのように政治を行い、合戦を繰り広げ、日常を過ごしていたのかを詳しく伝える歴史資料が島津家臣・上井覚兼が書いた日記です。彼は島津貴久、義久父子に伝え、はじめは島津の主、老中と一族、家臣たちとの間の伝達係である奏者に就任。後に家臣団をまとめる老中に抜てきされます。奏者は老中のすぐ下に位置する非常に重要な役目です。そして宮崎城主として日向の支配に携わりました。覚兼は奏者時代の1574年から九州の大部分に勢力が拡大する86年まで、しばしば日記を書き残しています。

日記には老中として「談合」と呼ばれる協議に参加していることが記されています。島津家の一族（主の義久は出席せず）や家臣とともに政治や合戦、外交について協議した内容を残しているのです。この談合で話し合われた結果を主の義久に伝え、義久がその可否を判断するという決定システムになっていました。日記には、談合が終わった後に宴会を開いたことや、主君への不満も書き連ねています。

日常生活では、寺に行って風呂に入ったこと、現在の日置市の吹上温泉や湯之元温泉につかったこと、軍記物語を読んだり、連歌や茶の湯、活花を楽しんだりしたこと……。さらには二日酔いで仕事に行かなかったこと、痔で悩んでいることなど、人には言えなさそうなことまでも記しました。彼は島津家に仕える武将として、文

武ともにはげまなければならないと考えていたようであり、それを子孫に伝えるために残したのでしょう。覚兼は文化・教養について、万遍（まんべん）なく身につけるべきと書き記しています。

覚兼たちが時に淡々と、時に悩みながら日記や手紙を書き残してくれたおかげで、かつての鹿児島の人々の様子を今なお知ることができるのです。

11 筑後進攻と惣無事令

1585年、大友氏が肥後の武将を味方に引き入れようとしていることが発覚しました。そこで島津氏は、神仏の意思をうかがうためにくじ引きをおこない、大友氏の勢力下の筑後への進出を決定。同じ時期、大友氏の名将・戸次道雪が病で亡くなり、中核を失った大友氏は敗北を重ねます。大友氏を見限った筑後の武将たちも島津氏の軍勢に加勢しました。

島津では、さらに「大友氏の本拠地を攻めよう」という話になりました。足利義昭から「義」の字を賜り、忠平から名前を改めた島津義珍は、家臣たちとの談合の結果、豊後を攻めることを島津の主である兄・義久に提案。義久は悩んだあげく、攻めるべきか、攻めるならどこからか、数回にわたってくじ引きをします。くじ引きで「神様の判断」をもらいたかったのでしょう。結果、肥後と日向双方からの豊後攻めを決めたのです。

直後、思いもよらない情報が舞い込みます。本能寺の変後から急速に関西で力をつけていた羽柴秀吉に大友宗麟が助けを求めたのです。太刀や茶器を献上した宗麟のため、秀吉は関白として、島津と大友の戦いを停止する命令「惣無事令」を出します。島津の家臣たちは、島津氏が源頼朝以来続く名門であるのに対し、秀吉が成り上がり者であるにもかかわらず、関白として国政にあたる態度が気に食わないと命令を無視しようとします。親しくしていた前

関白の近衛前久（龍山）が秀吉と対立して京都から離れたことがあり、近衛家などから秀吉が関白の座を半ば強引に奪ったことも秀吉を快く思わなかった要因かもしれません。しかし、義久は秀吉との対立を避け、大友の本拠地・豊後ではなく、筑前国（福岡県）を攻撃することに変更したのです。

12 国分けと岩屋城攻め

秀吉の停戦命令に対し、島津氏は家臣・鎌田政広を大坂に派遣します。志布志の地頭を務め、九州平定に向けた戦いで活躍する政広は「大友が島津に攻めてきたから反撃した」と弁明。これに対して秀吉は島津、大友、毛利の三氏と秀吉直轄地に分けて九州を治めることを提案します。しかし、攻め取った支配地が削られるなど島津氏にとってあまりにも不利な内容であったため、拒絶しました。

島津軍は大友の支配地・筑前国に進攻。これに対抗したのが、戸次道雪とともに古くから大友宗麟に仕えた高橋紹運でした。道雪の娘・誾千代と結婚した実子・立花統虎（宗茂）とともに徹底抗戦の構えをみせます。1586年、島津氏は四兄弟のいとこ・忠長を中心とした2万以上の大軍で、紹運の籠もる岩屋城（福岡県）を包囲。しかし大半が島津に従って間もない軍勢であったため、戦意が高くありませんでした。一方、紹運は一千人にも満たない軍勢でありながら巧みな采配で、島津軍を何度も退けます。

半月後、援軍も合流し、島津軍は総攻撃を仕掛けました。紹運をはじめ籠城していた軍勢は全滅、島津軍も多数が負傷しました。援軍として参加していた山田有信や上井覚兼は、城から投げられた石にあたり負傷。覚兼はさらに鉄炮にもあたります。傷だらけの島津軍は統虎の立花山城（福岡県）も攻撃しようとします。統

虎も計略を用いて島津軍に奮戦しました。その時、秀吉の大軍が九州に上陸してきたとの報告が入り、消耗しきっていた島津軍は城を攻め落とすことを断念。島津軍は港湾都市・博多を焼き払った後、統虎の軍勢から追撃を受けながら南に撤退することになります。

13 戸次川の戦い

1586年、豊臣の大軍が島津氏を攻めるため、九州に上陸しました。中国地方の大名を中心とした軍勢は筑前から、四国地方の大名たちは豊後から島津軍に押し寄せます。そのような状況の中、「肥前国の龍造寺氏が豊臣側に寝返った」との情報が島津氏に入りました。そこで、筑前攻めを断念し、談合とおみくじの結果、豊後を攻めることにします。

島津四兄弟のうち義珍と歳久は肥後から、家久は日向からそれぞれ大友氏の城を攻め落としながら豊後へ向かいます。先に着いた家久の軍勢は、大友軍、豊臣先発隊と戸次川（へつぎ）（大分市）を挟んで対峙しました。

家久の敵は土佐国（とさ）（高知県）の長宗我部元親（ちょうそかべもとちか）・信親（のぶちか）父子、讃岐国（さぬき）（香川県）の十河存保（そごうまさやす）、豊後国の大友義統（よしむね）（宗麟の子）、そしてそれらを束ねる秀吉に古くから仕える讃岐国の仙石秀久（せんごくひでひさ）ら約5千人。豊臣政権に従って間もない大名も多く、団結力は高くありません。一方の島津軍は約2万5千人と数で勝ったうえ、家久が「敵を一人も国に帰すな！」と発破（はっぱ）をかけ、団結力を高めていました。

豊臣先発隊が島津軍の攻める大友氏の城を救援するため、寒い冬の川を渡り始めると、島津軍の伏兵が猛烈な勢いで攻撃。たちまち豊臣先発隊は大混乱に陥（おちい）りました。この戦いで十河存保とまだ20代前半の長宗我部信親が討死。秀久と元親はかろうじて戦場を脱出し、四国へと撤

退します。豊臣先発隊は壊滅的なダメージを負ったのです。

島津軍はついに大友氏の本拠地・府内（大分市）を制圧し、島津氏は今までで一番広い領土を獲得しました。続いて大友宗麟が籠もる丹生島城（臼杵市）を包囲。国崩しと呼ばれる大砲を駆使する宗麟をあと一歩まで追い詰めます。

14 根白坂の戦いと島津忠隣

大友氏を追い詰めた島津氏でしたが、豊臣の大軍が迫ってきたため、島津軍はやむなく豊後国を手放して撤退します。秀吉が豊前国から西回りで、秀吉の弟・秀長（ひでなが）は豊後国から東回りでそれぞれ南下を開始しました。島津氏は昼夜問わず攻撃を受け、義珍、歳久、家久の兄弟は家臣たちを指揮しながら日向国に落ちのびます。病におかされていた歳久は、家臣が担ぐ輿（かつぐこし）（乗物）に乗って撤退の指示をしたといいます。

秀吉が九州に上陸したのに合わせ、九州北部の武将たちが次々に豊臣方に寝返りました。これは秀吉を支える黒田孝高（くろだよしたか）が武将たちに働きかけ、勧誘した作戦だったといわれています。一方の島津義久は薩摩、大隅の軍勢を日向国に集めて秀長の軍勢に備えていました。秀吉は軍勢を南下させながら、室町幕府最後の将軍・足利義昭を通じて降伏をすすめ、義久も和平に向けて徐々に動き始めます。

和平交渉は始まりましたが、戦いは続いていました。山田有信たち300人が籠もる高城を秀長率いる10万の大軍が包囲。この大軍の中にはかつて日向国から島津氏によって追い出された伊東義祐（よしすけ）の子・佑兵（すけたか）も加わっていました。かつてこの城をめぐって大友軍と激戦を繰り広げ、勝利をおさめた島津氏は有信を救おうとします。義久、義珍、家久を中心とした救援部隊の中に、歳久の養子・忠隣（ただちか）もいました。豊臣方が陣を敷く根白坂（ねじろざか）を忠隣たちは襲撃しましたが、

秀長の家臣・藤堂高虎（とうどうたかとら）が孝高たちの軍勢とともに反撃します。

忠隣は「叔父（おじ）・家久の武勇は日本中に知られているが、今回は家久に劣らない武勇を残す」と語って突進。数千挺の鉄炮の攻撃を受け、忠隣をはじめ多くの島津軍が戦死しました。忠隣は亡くなる間際、水をもらおうとします。しかし、周囲に水がなかったため、家臣の鎌田政金（まさかね）は水のかわりに青梅（あおうめ）を差し出し、忠隣はそれをかじって亡くなりました。圧倒的な兵力差を前に、島津軍は屈することになったのです。

15 それぞれの降伏

根白坂での敗戦後、島津四兄弟はそれぞれの居城に戻り、対応を迫られます。

四兄弟でいち早く降伏したのは、豊臣の大軍が入ってきた日向国を治める末弟・家久でした。彼は老中・伊集院忠棟とともに豊臣秀長に降伏。居城の佐土原を今後も治めることが保証されます。和平交渉を始めていた長男・義久は、老中たちとともに頭を丸め、秀吉が待つ泰平寺（薩摩川内市）に赴きました。秀吉に降伏し、愛娘の亀寿姫を人質に差し出します。かわりに秀吉から薩摩国を支配することを認められました。

一方、次男・義珍と三男・歳久は豊臣政権への徹底抗戦の構えをみせます。大軍が迫る中、争う姿勢を示すことで、自らに有利な和平内容になることを期待していたのです。義珍は嫡男・久保を人質とし、秀長に降伏。秀吉にもあいさつし、大隅国を治めることを認められました。久保も日向国南部の諸県郡の支配が認められます。先の戦いで養子・忠隣を失っていた歳久はその後も虎居城（さつま町）で籠城。結局、降伏はするものの、病床に伏せっていたため自ら直接豊臣政権に頭を下げることはしませんでした。

このほか島津の家臣たちもそれぞれ籠城して豊臣政権と対峙し続けるものたちがいました。山田有信は援軍が根白坂で敗れた後も高城に籠もっていましたが、義久のすすめもあり降伏。新納忠元は義久が降伏した後しばらくして

から、ようやく大口（伊佐市）で降伏します。飫肥城（日南市）の上原尚近にいたっては四兄弟が降伏後、同城を伊東佑兵のものにすると豊臣政権が決定した後も、籠城し続けます。四兄弟の降伏から1年を経てようやく城を明け渡しました。九州のほぼ全域を急速に治めた島津氏は、このようにして豊臣政権に従ったのです。

　降伏直後、さらなる悲劇が島津氏を襲います。九州各地の戦いで活躍した家久が急死したのです。彼の跡はまだ若い嫡男・忠豊（豊久）が継ぎました。

16 東西を駆ける商人

信長や秀吉といった天下人が住む京都や大坂と、島津氏が住む九州南部は、言わずもがなとても離れています。島津氏は遠方の情報を手に入れるため、家臣を送ったほか、京都出身者を家臣にしたり、京都に拠点を置く商人の協力を得たりしました。例えば中江周琳（なかえしゅうりん）という医者は元々、近衛家家臣でしたのが薩摩で暮らすようになり、畠山橘隠軒（はたけやまきついんけん）という僧侶は京都の争乱を逃れて坊津（ぼうのつ）に移り住みました。

商人の行動力を活かして島津氏に協力したのが薬売りの道正庵（どうしょうあん）です。道正庵は織田信長が京都に入った頃から島津氏と京都との間のパイプ役をつとめていました。道正庵の主・宗固（そうこ）は足利将軍家の家臣の使者として薩摩に赴き長々と滞在。京都に戻る時には、島津氏から信長に贈る鷹を携え、そのほかの京都の人々への献上品についても助言を加えて持って帰っています。信長の死後には、道正庵につとめる宗与（そうよ）という人物が何度も薩摩と京都を往復。足利義昭や京都の貴族の使者に同行するかたちでやってきていたようです。

秀吉が九州を攻めるという噂が九州で流れるようになると、島津氏は道正庵の情報網に頼ります。宗与が薩摩にやってくるとすぐに島津家臣は京都の情勢を確認。宗与も「早々に島津氏が豊後国を押さえたら、秀吉は攻めてこないだろう」と見解を伝えています。宗与は島津軍の北上戦に従軍しており、岩屋城攻めで負傷した

上井覚兼を見舞いました。一方、主の宗固は秀吉との和平を仲介する足利義昭の使者とともに九州に向かい、義昭の手紙を島津義久に渡します。彼の協力もあり、和平に向けた第一歩が刻まれたのです。

島津氏が豊臣政権に降伏した後も双方の交流は続き、道正庵は義久・義弘の茶会に同席しています。財政難の島津氏は道正庵からお金や米を度々借りていました。秀吉から摂津国（大阪府）や播磨国（兵庫県）のうち一万石分の領地が与えられると、義久は京都滞在費用として、宗固にそこから40石分を毎年渡す旨を伝えています。激動の時代にあって、島津氏が確かな情報と金銭の源になる商人を大切にしていたことの証だったといえるでしょう。

お坊さんたちの戦国

乱世の最中、寺院も島津家とともに九州南部の安寧を目指していました。戦国時代に仏教はいくつもの宗派に分かれていましたが、寺院は宗派ごとに島津家から役割を与えられ、統治を支えていたのです。例えば天台宗や真言宗はまじないや祈りの分野を担当し、禅のひとつ臨済宗は外交で、同じく禅の曹洞宗は弔いの場で活躍していました。

曹洞宗寺院の代表的な仕事のひとつが戦後の供養。島津家では少なくとも日新斎の時代以降、激戦があった場所で戦後に敵・味方問わず弔う「施餓鬼供養」というものが執り行われていました。供養の後には六角柱の各面に地蔵菩薩を彫った「六地蔵」を建てることも多かったようです。島津家統一に向けた戦いから、木崎原の戦い、耳川の戦いと合戦が大きくなるにつれて供養の規模も巨大化。沖田畷の戦いの時には薩摩・大隅・日向と肥後から曹洞宗寺院の僧侶が集まり、供養が執り行われました。戦後、大規模な供養を行うことで、亡くなった人々を弔うとともに、争いに勝ったことを領内に示そうとしていたのかもしれません。

敵も、味方も、安らかに眠れ…

第章　豊臣政権の嵐

豊臣政権のもとで

秀吉に降伏した島津氏は、豊臣政権に仕えることになりました。義久、義弘（義珍から改名）をはじめとする一族や有力な家臣は、京都・大坂に妻や子を人質として住まわせ、自らもしばしば九州南部と秀吉のおひざ元との間を往復することになります。

秀吉からの命令は、主に2人の人物が取り次ぎます。ひとりはかつて室町幕府や織田信長に仕えた文化人・細川幽斎で、もうひとりが若い頃から秀吉に仕えた石田三成です。島津氏側は義久や義弘、そして島津家の筆頭老中と呼ばれた伊集院幸侃（忠棟）を通じて命令が支配下に伝えられました。亡き家久とともにいち早く降伏した幸侃は、秀吉から大隅国肝付郡（鹿屋市一帯）を与えられ、三成とも親しい関係になりました。伏見（京都市）に建てられた幸侃の屋敷は贅沢なもので、さながら一大名のもののようであったといいます。

秀吉は島津氏に刀狩を行わせます。これは反乱を抑えるだけでなく、刀を腰に帯びていることを武士の証しとするためだったとも考えられています。東シナ海を中心に活躍する倭寇（海賊）の取り締まりも命令。また日向国で捕まえることができる幼い鷹の管理も義弘に命じます。さらに京都に大きな寺院を造るため、巨大な木材を献上するよう指示しました。義久たちは屋久島から屋久杉の巨木を切り出し、京都まで運びます。

こうした負担の結果、島津氏は財政悪化に悩まされることになります。元々九州南部は稲作に適していないシラス台地で、交易の利益に依存している状況であり、戦争も長く続いていました。義弘や幸侃は京都の寺院や商人からお金を借りなければならない状況になります。

新しい中央政権のもと、島津氏は新しい役目を果たしながら新しい苦難に直面しなければならなかったのです。

2 久保と亀寿

豊臣政権に降伏した時、島津氏を率いていたのは50代後半の義久です。彼は3人の娘に恵まれていましたが、男子はいませんでした。はじめ義久の後継者とされていたのは義久のすぐ下の弟・義弘ですが、彼もまた50代後半。「人間50年」と言われていた時代の話なので、将来の島津氏を率いる人物を誰にするか考えなければならなくなっていたのです。

白羽の矢が立ったのは、義久の三女・亀寿と、義弘の嫡男・久保の「いとこペア」。2歳違いの二人はともに豊臣政権の人質になっていました。特に亀寿については、人質としてはじめて秀吉と対面した時、あまりにも彼女が美しかったので、秀吉は義久が替え玉を人質として差し出したのではないかと疑った、という伝承があります。義久は亀寿をとても愛していたようで、本家の主が代々継承する宝物を亀寿に分け与えました。いわば「女当主」のような立場だったようです。

秀吉の命令で二人が結婚することで、義久にとって甥であり、娘婿にもあたる久保が、島津氏の次の主となる方針となりました。夫婦の仲はとても良かったようで、義弘は自らの妻にあてて、若い二人が良縁で安堵していることを書いた手紙を送っています。

久保は豊臣政権のもと島津軍を率いて合戦にも参加しました。関東を治める北条氏を秀吉が攻める際、いとこの忠豊（豊久）とともに従軍。

激流の川を馬で真っ先に渡ったことから、味方の軍勢から賞賛されました。北条氏との戦いの際、伊達政宗（だてまさむね）ら東北の大名も秀吉に降伏したことから、豊臣政権による日本国内の統一が達成されたのです。

島津氏は代替わりの準備をしながら、秀吉に課せられた役目を果たしていきました。

3 京を中心とした交流

島津氏の人々が京都・大坂と九州を行き来する中で、文化交流が一層盛んになりました。その代表が茶の湯です。

島津氏が九州統一に向けた戦いを繰り広げている頃から、島津家内部でも茶の湯は行われていました。今も名産地として知られる宇治（京都府）からやってきた人が義久に茶を進上した記録も残っています。秀吉に降伏後、島津家の人々は豊臣政権の茶会に加わるようになりました。島津義久は老中・伊集院幸侃とともに博多（福岡県）で秀吉の茶会に招かれ、この時、とても貴重な茶器・初花肩衝が用いられました。義弘も幸侃とともに大坂で秀吉や彼に仕える細川幽斎との茶会に参加しています。

茶の湯を代表する千利休の手ほどきを受けた人もいました。義弘は彼に茶の湯に関する50以上の質問を送り、利休が一つひとつ丁寧に回答した書物が書き写されて今に伝わっています。茶の湯について利休の考え方を詳しく記したもののひとつとして知られています。利休が秀吉の命令で切腹する1カ月前の茶会にも義弘は出席しました。また利休の兄弟子・丿貫は、晩年薩摩で暮らしたといわれており、島津氏は茶の湯の文化を積極的に受け入れていたことがうかがえます。

儀式の際の料理も変化しました。元々、島津氏には「鎌倉流」と呼ばれる鎌倉時代から伝えられてきたとされる料理の流派がありました。

しかし、秀吉に降伏した後、ほかの大名との交流が盛んに催され、会食も増える中で、鎌倉流は他家のものと異なることから不評を買います。そこで義弘は室町時代以降に広まっていた「大草流（おおくさりゅう）」という儀式料理の流派に詳しい石原（いしはら）佐渡（さど）を招きました。

鎌倉流、大草流の2つの流派を採り入れて、島津氏はおもてなしをするようになったのです。

4 秀吉の唐入り

天下統一を果たした豊臣秀吉は、海外進出をもくろみます。朝鮮王朝に対し、秀吉に従うことと明王朝との橋渡しをつとめることを求めましたが、朝鮮側は拒否。そこで秀吉は約30万人を動員し、朝鮮経由で唐入り（大陸進出）することを計画したのです。肥前国（佐賀県）に巨大な名護屋城を築き、そこを拠点に海を渡らせました。

島津氏にも出兵するよう依頼がありましたが、義久は病を理由にサボろうとします。しかし義弘は豊臣政権に対して反抗的な態度をとるべきではないと考え、兄に代わって島津軍を率いることにしました。義弘と息子の久保は現地に向かおうとしますが、家臣たちも秀吉の命令による海外での戦いにやる気がなく、軍勢が集まりません。老将たちの一部は「物語でしか知らない異世界」への憧れを抱きますが、年齢が理由で渡れません。

船も七島衆（十島村）の協力を得てやっとの思いで手配しました。そのようなこともあり、島津軍が朝鮮に到着した日にほかの日本軍は首都・漢城（ソウル）を攻略。義弘は「日本一の大遅陣」で恥ずかしいと嘆きます。味方を追いかけ、朝鮮中央の江原道に駐屯することになります。義弘は唐入りについて非常に困り果てており、仮に大陸に新たな領地を与えられることになれば迷惑なことだと思っていました。

また秀吉は、島津氏を通じて琉球王国にも唐

入りに協力するよう命令。兵糧米を差し出すよう求めますが、明王朝と親しい琉球は島津氏経由で求められた半分の量を差し出します。

渡海した義弘自身、愛する妻に何度も手紙を送り、妻や子どもを気遣いながら愚痴をこぼしており、望郷の念を抱いていたようです。様々な思いを抱えながら、足掛け6年半におよぶ戦いが始まりました。

5 梅北国兼一揆と歳久の死

唐入りの最中、義弘を追いかけて本国から朝鮮半島に向かう島津家臣の軍が複数ありました。そのうち梅北国兼の軍勢は突然、進路を変更。豊臣政権に反旗を翻したのです。

反乱軍は肥後国の加藤清正が治める佐敷城（芦北町）に集まり、秀吉の命令で城を受け取りに来たと、嘘の話をして民衆とともに乗っ取りました。肥後は秀吉の九州進攻直後、現地の武将たちが豊臣政権によって派遣された大名に対して反乱するも、鎮圧された過去もあり、反豊臣の思いが強い地であると考えての反乱かと思われます。国兼は島津や加藤、小西、相良といった九州各地を治める大名の下にいる武将たちと連携して反乱の火を拡大させようと考えていたようです。しかし彼は城で殺されてしまい、反乱軍も戦で敗れたことから「梅北国兼一揆」はわずか3日で鎮圧されました。

この一揆に島津歳久の配下の者が参加していたことから、秀吉は歳久に責任を取らせようとします。歳久が唐入りに参加していたら許すが、本国に残っていたならば切腹するよう義久に命令したのです。歳久は病のため薩摩にいたことから、義久は彼に切腹を命じなければならなくなりました。

鹿児島で切腹の命令を受けた歳久は、わずかな家臣とともにひそかに鹿児島湾を船で北上。義久は家臣に彼を追跡させ、竜ケ水（鹿児島市）で歳久に追いつきます。そして小競り合いが繰

り広げられた後、その地で歳久は切腹したのです。歳久に同行していた27名も彼の後を追うようにして命を落としました。その中には、歳久の養子・忠隣の最期を看取った鎌田政金も含まれていました。歳久の首は秀吉のもとに送られ、京都でさらされました。後に歳久のいとこ・島津忠長によって歳久の首は盗み出され、京都の寺院に葬られます。首以外は総禅寺（姶良市）に葬られました。

歳久の死後、彼の妻と娘は居城の虎居城（さつま町）に籠城。義久や細川幽斎が必死になって説得し、歳久の孫（常久）が成人した後に領地を与えることを条件に開城します。

家臣たちによる秀吉への反発の結果、義久は大切な弟を失わざるを得なくなりました。

日明合力計画

秀吉の唐入りにはいやいやながら従軍する者が多く、反乱も起こりました。家臣の反乱で愛する弟に切腹を命ぜざるを得なかった主の島津義久。その頃、彼の情報が明王朝南東部・福建省（ふっけんしょう）の長官を通じて明王朝に届けられていました。それは「義久は秀吉への恨みを募らせている」というような内容でした。この情報は大陸出身の人たちを経由して入ったものです。

戦国時代、海を渡って九州南部にやってきた大陸出身の人物が、大陸で培（つちか）った技術や知識を活かして何人も島津の家臣になっていました。高須（たかす）（鹿屋市）をはじめ各地に大陸から渡ってきた人々の集落も築かれました。明王朝出身者の一人、許三官（きょさんがん）（儀後（ぎご））は倭寇に連れられて薩摩に到着し、医術の腕を見込まれて義久の家臣になります。

唐入り間近の時期、三官は同じく大陸出身の郭国安（かくこくあん）（汾陽理心（かわなみりしん））たちと協力して、日本軍が朝鮮半島に攻め込む計画があることを明王朝南東部の福建に連絡。このことが秀吉の耳に入ってしまい、三官は殺されそうになります。しかし、徳川家康（とくがわいえやす）が秀吉を説得して殺害を免れることができました。後に家康が名護屋城で病になった時、その時の御礼として三官は家康の治療にあたります。

三官からさらなる情報を仕入れるために内之浦（うちのうら）（肝付町）に着いた福建の武将は、老中・伊集院幸侃にも接触。島津家内部から日本の情

報を仕入れようとしたのです。

さらに三官たちから「薩摩と明王朝で協力して秀吉を討つ」という提案もあったといいます。これには「東海道（おそらく徳川家康）」も同意している、と記されていました。明王朝はこの提案を断りましたが、それだけ薩摩をはじめ日本国内では唐入りへの反発が根強かったようです。後に許三官は激戦続く朝鮮半島に島津軍の治療のため渡りますが、現地でも明王朝の人々と接触。彼ら明王朝出身者が家臣にいたことから、義弘は日本軍撤退時に和平交渉の一翼を担うことになったと考えられます。

異国での落命

　義弘たちが朝鮮半島に渡って1年もしないうちに講和（こうわ）交渉が進み、日本軍は漢城（かんじょう）（ソウル）から朝鮮の南東に移動。島津軍は巨済島（コジェド）を中心に、近辺の統治のため日本式の城郭（じょうかく）を築きながら行く末を見守ります。滞在中に現地の馬や山羊、羊、ロバ、さらには良い香りのする蓮（はす）などを目にし、気に入ったものは日本に持ち帰りました。

　滞在期間が長くなると、これ以上の戦を嫌う雰囲気が流れ、日本軍の中には明国や朝鮮王朝に降伏する者たちもあらわれます。島津軍からも降伏する人々が出たようです。

　秀吉はこのような状況の中、日本軍で戦に積極的でなかったとされる人物への処罰を進めます。かつて九州で勢力争いを繰り広げた豊後国（ぶんご）（大分県）の大友（おおとも）氏や、かつて貴久の時代に島津家の主の座をめぐって激闘を繰り広げた、出水（いずみ）を治める島津の分家・島津薩州家（さつしゅうけ）は領地を没収されてしまいました。

　異国の地で寒い日々が続く中、義弘は家臣たちと同じ焚火（たきび）にあたりながら厳しい環境を耐え忍びました。渡海時の船酔いにはじまり、言葉が通じないことへの不安や想像以上の手強い敵兵、作物が採れない困窮（こんきゅう）した土地での滞在など、次から次へと苦難が襲い掛かっていました。そのような極限（きょくげん）状態の中、体調を崩す者が次々にあらわれ、家臣たちは命を落としてしまいます。義弘の子・久保や、娘婿・島津彰久（てるひさ）も現地で病

死しました。

21歳の若さで久保が亡くなったことに対し、義弘は大変嘆き悲しみます。家臣の中には、山伏（やまぶし）となり、彼を弔（とむら）うため全国を行脚（あんぎゃ）した者たちもいました。秀吉や諸大名も島津氏にお悔やみの言葉を送ります。終わることのない異国での生活に、多くの人々が苦しんでいたのです。

8 蹴鞠と虎狩と忠恒

将来を担う存在であった島津久保の死は、豊臣政権と島津氏に大きな衝撃を与えました。久保に代わる島津の後継者として秀吉が指名したのは、久保の3歳下の弟・忠恒（ただつね）です。悲しみに暮れる間もなく、忠恒はいとこで亡き兄の妻だった亀寿姫と結婚を済ませ、急いで朝鮮半島に渡らなければなりませんでした。

忠恒が大陸に渡る際の拠点・名護屋城に着いてまず始めたのが、蹴鞠（けまり）用の庭づくり。何日も蹴鞠をした後、海を渡りますが、渡った先で始めたのが、またもや蹴鞠用の庭づくり。父が苦戦し、兄が亡くなる中、彼は蹴鞠で気を紛らわせたかったのかもしれません。完成した庭で蹴鞠の集まりが催された時には義弘や忠豊も訪れました。

父・義弘はそのような忠恒を心配していたようです。特に飲酒については目を光らせていたようであり、酒は悪事（あくじ）の根源（こんげん）である、とか、ちょっと一杯でも癖（くせ）になるから一滴も飲むな、などと注意する手紙を息子に書き送っています。

その頃、秀吉が渡海中の大名たちに命令したのが虎狩（とらがり）です。虎の肉や内臓は薬として利用されていましたが、高齢の秀吉は、虎を食べて元気になろうと考えたのでしょう。ほかの大名がこぞって虎狩に挑戦する中、島津氏も義弘・忠恒父子を中心に挑みます。山に入り、虎を仕留めようとしますが、虎にかまれて亡くなる家臣が相次ぎました。しかし天下人の命令というこ

とで、忠恒たちはなんとか虎2頭を捕獲。日本で待つ秀吉に献上したのです。現在でも鹿児島には唐入りの際に捕まえた虎の頭蓋骨が伝わっています。

講和交渉がすすめられていた日本と明王朝、朝鮮王朝でしたが、うまくまとまらなかったため、再び戦火を交えることになります。忠恒は大陸の敵軍や猛獣と戦いながら、後継者として歩み始めました。

近衛信輔の薩摩来訪

朝鮮半島に行きたくないのに行かざるを得ない人が多数いる中、貴族の中で渡りたがっている人物がいました。かつて薩摩を訪れた近衛前久の子・信輔（信尹）です。彼は国政にあたる関白に就くはずが、前久の猶子（養子）になった豊臣秀吉に奪われてしまい、悶々とした日々を過ごしていました。

日本の軍勢が朝鮮半島に渡ると、信輔は渡海の拠点・名護屋城に赴き、自らも現地で武功を挙げようとしたのです。父譲りの行動力といったところでしょうか。彼の無計画な動きに秀吉たちは怒り、坊津（南さつま市）でおとなしくするよう命令。信輔は無念の気持ちを和歌にしたため、渡海間際の忠恒に見送られ、彼に仕えていた家来やその家族など45人を伴い薩摩半島に向かいました。

道中、山川港ではルソン（フィリピン）と日本を往来する船を目撃し、琉球人が奏でる楽器演奏を堪能するなど異文化に触れて、渡ることのできなかった海の向こう側を想像していたのかもしれません。最初の頃は望郷の念が募り、屋敷の不満などを漏らしていました。しかし次第に慣れ、近くの一乗院の僧侶と親交を深めたり、網で捕ったカツオを見て喜んだりして楽しんでいます。時折届く父・前久の手紙などを読んで、京都を懐かしむこともあったようです。

坊津に着いて1年ほど経つと、京都の政治状況が変化。信輔と対立していた貴族が流罪とな

り、待遇(たいぐう)も好転します。彼は鹿児島に移って一時帰国した島津義弘や伊集院幸侃と茶会を堪能(たんのう)。さらに1年後、許されて帰国の命が出されたのです。信輔は帰りたくなかったようですが、渋々帰国の途につきます。道中、義久や幸侃と能(のう)や歌会を楽しみ、2カ月費やして京都に戻りました。

後年、信輔は先祖代々と同じように関白に就任。ずば抜けた書の才能は現在でも高く評価されることになります。

藤原惺窩の内之浦旅行

唐入りの時期に学者・藤原惺窩も九州南部にやってきます。彼は冷泉家という貴族の家に生まれ、幼くして相国寺（京都府）の僧侶となり、寺院で儒学（孔子の教え）を習得。さらに本場の教養を身につけようとして、1595年、京を離れて薩摩から大陸に渡ろうとしたのです。

日本を離れる直前、内之浦（肝付町）ではルソン（フィリピン）から届いたというガラス製のコップで焼酎を飲んだり、琉球王国に妻子がいると思われる商人から琉球の話を聞いたりします。ルソンと日本を往復する船を見るだけでなく、実際に海外産の酒や蜜漬の果物などを堪能し、海外渡航経験者から海で方角がわからなくなったら星を見て確認すると良いといったアドバイスをもらい、外国人が描いたという世界地図も見せてもらいます。港に鐘や太鼓を打ち鳴らし、鉄炮を放って入港する異国の船を見たり、ルソン交易の大商人から明国人60人が乗っていることを教えてもらったりするなど、九州南部が海の向こうと盛んに交易していることを体感。さらに浜之市（霧島市）で伊集院幸侃に会って渡航の許可を得、山川（指宿市）付近では砂蒸し風呂も楽しみました。鹿児島の南林寺や山川の正龍寺といった寺院を訪れ、僧侶たちと交流していたことが彼の日記からわかります。

島津家の領地に長く滞在した惺窩はいよいよ大陸に渡ろうと出発。しかし、大嵐のため明に

到着することが叶わず、硫黄島（三島村）に漂着してしまいました。最終的に翌年夏まで九州南部で暮らしていたようです。おそらく大陸で学べなかったかわりに薩摩や大隅でたくさん学んだのでしょう。

惺窩が九州南部から戻って2年後、朝鮮半島の儒学者と惺窩が出会います。二人は協力して儒学の教えを日本人に読みやすくした『四書五経和訓』を刊行。藤原惺窩が島津の領地を訪れたことが、儒学普及のきっかけになったともいえるのでしょう。

11 太閤検地と石田三成

異国での戦いが続く中、島津家臣の中では豊臣政権への不満がたまっていました。彼らは数百年も前から同じ場所を治め続けていたことから、独立心が強かったものと考えられています。これに対して、豊臣政権は全国各地で進めていた田畑の面積とその生産量の調査（太閤検地）を九州南部でも導入しました。

検地を主導したのは、秀吉の家臣・石田三成と島津家臣の伊集院幸侃。全国統一した尺（物差し）や升を用いて、どれくらいの作物が採れるのか調べました。調査をもとに定めた生産力を基準に、政権に対して果たすべき役割を担わせたのです。

この結果、島津の土地の生産力は約57万石と算出され、一部は石田三成らが管理する土地となります。さらに家臣たちは数百年治めてきた土地から離れ、別の場所を治めることになりました。例えば、入来院氏は入来院（薩摩川内市）から湯之尾（伊佐市）、北郷氏は庄内（都城市）から祁答院（薩摩川内市）、種子島氏は種子島から知覧（南九州市）です。禰寝から吉利（日置市）に移された禰寝氏は、先祖の霊を祀ってきた神社と同じ名のものを吉利に新たに創建しました。新天地でも先祖に見守ってほしい、という思いがあったのでしょう。

検地の結果は島津義久ではなく、弟の義弘に渡されました。これは豊臣政権が義弘を島津家の代表と位置づけたからです。義久は本拠地を

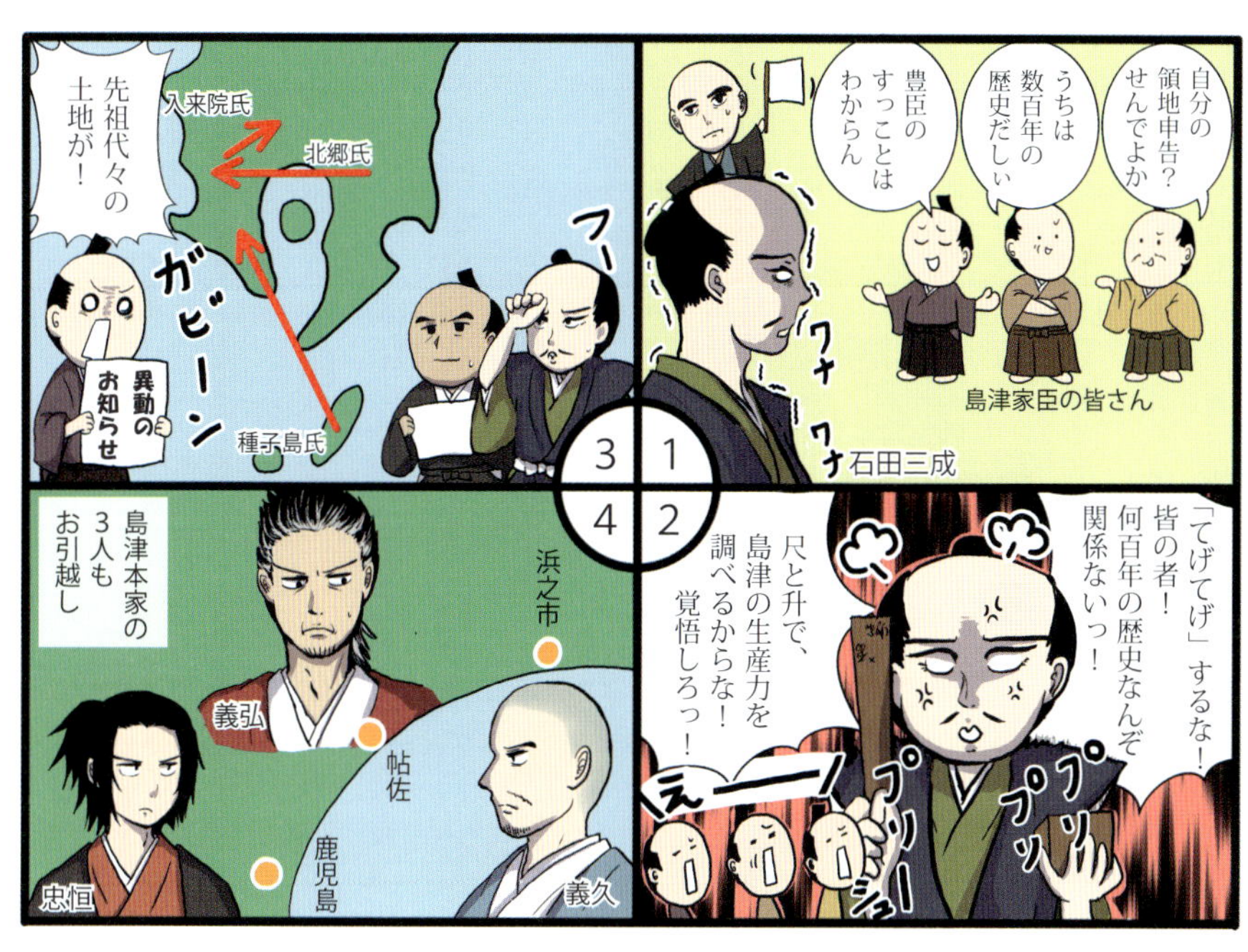

鹿児島から浜之市（霧島市）に移し、鹿児島には義弘の子・忠恒が入ります。義弘は栗野（湧水町）から帖佐（姶良市）に移りました。

三成はさらに島津の財政改善にも着手。算用所を設置し、代官の監視や市場の把握、島津氏の経理全般の把握を担当させました。豊臣政権によって新しい統治体制への移行が進められていったのです。

12 慶長の役と天下人の死

豊臣政権と明国との和平交渉が失敗に終わると、1597年、秀吉の命令で14万の大軍が再び朝鮮半島を北上します。島津軍も義弘や息子・忠恒、甥・忠豊たちが率いて出陣。本国から志願兵を募って軍備増強をはかり挑みました。朝鮮水軍が日本軍に攻めてきた時、ほかの大名とともに陸・海で挟み撃ちします。忠豊は家臣と競うように奮戦して敵を討ち取り、勝利をもたらしました。一方で本国から届くはずの兵糧がなかなか朝鮮半島の島津軍のもとへ到着しなかったため、忠恒をはじめ現地に渡海した面々と、本国で輸送手配を担当した伊集院幸侃との間に溝が生まれます。

朝鮮半島西部の南原（なんげん）をほかの大名たちと包囲の末に攻略すると、島津軍は日本軍が占領した土地の統治に尽力しました。今回の合戦は、秀吉が敵に渡すよう求めていた朝鮮半島南部を確保することが大きな目的だったためです。敵による奪還を防ぐため新たに城を築いたり、合戦に巻き込まれるのを避けて山中に逃げた地元民に対し、町へ戻り戦前のように農作業に励むよう通達したりします。彼らが元の生活に戻れるよう努めるとともに、敵の襲来に備えました。ほかの大名と比較すると、島津軍が治めた土地は地元民が多く戻ってきていたようです。また、義弘たちが築き守った泗川（しせん）新城の城跡は今も残されています。

徐々に支配地を広げる日本軍は、さらなる北

上戦のため、再び大規模な渡海を計画していましたが、98年に日本国内で事件が起こります。出兵を指揮していた豊臣秀吉が伏見で病死したのです。彼の死後、家康をはじめとする豊臣政権の首脳陣は、朝鮮半島からの撤退を決定。秀吉が亡くなったことを渡海中の日本軍にも隠しながら、慎重に帰国に向けて準備をすすめます。しかし、敵側も察知したようで、明王朝から追加の援軍も到着して、朝鮮軍は10万人の規模に及んでいました。

義弘をはじめ日本軍は、彼らの攻撃に耐えながら、我が国に戻るための戦いを始めたのです。

13 撤退戦の武功

豊臣秀吉の死によって始まった撤退戦の際、島津義弘・忠恒父子は泗川を任されていました。この地は日本軍の本拠地と最前線との中間に位置する重要な地であったため、敵の大軍が攻め込みます。

戦力差が歴然としていたため、島津軍は敵の食糧庫を焼いて戦意を削ぎ、相手を短期決戦に持ち込ませます。島津軍は城に籠もり、数多くの鉄炮で迎撃。激戦が続く中、明・朝鮮の火薬庫が爆発したため、敵が大混乱を起こします。その時、赤と白の狐が突撃したように見えたことから、義弘は狐が島津の守り神として自分たちの味方をしてくれている、と考え味方を鼓舞。少人数で敵兵をかき乱しながら、城を出て攻撃を繰り返し、大軍を撃退したのです。

泗川の戦いの後、島津軍は味方が集まる巨済島に到着し、帰国しようとしますが、肥後南部を治める小西行長が敵に阻まれ退却できずにいることを知ります。そこで義弘は、柳川（福岡県）の立花親成（宗茂）らほかの大名とともに小西軍を助けるため敵の水軍を攻撃しました（露梁海戦）。

島津軍では船の損壊や負傷者が相次ぎ、義弘自ら家臣に膝枕をして治療します。義弘は医術の心得があり、家臣たちに自ら治療方法などを教えるほどだったのです。島津軍は弓矢や鉄炮を用いて敵が味方の船に乗り込まないよう援護し、多くの死傷者を出しながらもなんとか小

西軍を撤退させました。「唐入り」開戦時には遅れて参加し、「恥」と感じた島津軍でしたが、6年後の撤退戦では武功を挙げて帰国したのです。

帰国後、島津氏は豊臣政権から領地を授かります。進攻したものの撤退・帰国した結果、土地が増えなかった合戦であるため、領地は与えられないのが通常ですが、義弘たちが泗川の戦いや露梁海戦で獅子奮迅の活躍をし、日本軍の殿軍（最後尾）として活躍したことから、特例として与えられたのです。

14 唐入りで得たもの

６年半におよぶ朝鮮半島での戦いで、義弘はじめ島津軍は異国の地に長期滞在しました。この間、数多くの命が失われました。義弘・忠恒父子は戦後、敵・味方の戦没者を供養する石碑を高野山（和歌山県）に建立します。

この戦いにより、朝鮮半島から九州南部にもたらされたものが数多くあります。伝承によると、養蜂（蜂蜜）や瓦を焼いたり、樟脳という医薬品を作ったりする技術が伝えられました。加治木（姶良市）の蜘蛛合戦や川内（薩摩川内市）の大綱引きなどは、唐入りの際に義弘たちが伝えたり、戦意高揚のため生み出されたりしたものという「伝説」があります。この伝説が正しいかどうかはわかりませんが、たくさんの技術や文化が唐入りの際に入ったことから、後の時代には「昔からある変わった文化＝唐入りの際に薩摩ではじまったもの」と考えられるようになったのでしょう。

薩摩焼も朝鮮半島からやってきた人々によってはじめられました。戦中・戦後、現在のいちき串木野や鹿児島などに上陸した人々が、各地に薩摩焼の窯を築きます。渡来した陶工のうち、金海という人物は義弘に認められ、星山仲次という名前を与えられた上、武士の待遇を受けます。

義弘たちは彼らの技術を用いて薩摩焼を各地で造らせました。薩摩焼の魅力を日本全体に発信したのが、千利休の弟子で秀吉や家康に仕え

た茶人・古田重然（織部）です。彼は義弘のもとを訪ねた友人を通じて、薩摩焼で作った茶道具のデザインについてアドバイスを伝えます。利休亡き後の茶の湯を牽引した織部が薩摩焼を高く評価したことから、江戸時代のはじめ、薩摩焼は大名たちの間で流行しました。島津氏も織部の茶の湯を好んでいたようで、後年、特別な客をもてなす時に織部が愛したスタイルの茶室を用意した話が残っています。

猫たちも頑張っているんだよぉ

戦国時代に活躍したのは人間だけではありません。猫も合戦や外交で活躍していました。

秀吉の唐入りの際、島津軍は猫を7匹連れて行きました。猫の瞳孔の形が時間によって変化することから、時計代わりとして従軍させたようです。島津久保は黄色と白の波紋の柄の猫をとてもかわいがり「ヤス」と名付けていましたが、残念なことに久保は現地で病没。後世までこの柄の猫は「ヤス猫」と呼ばれるようになります。また帰国した2匹の猫は南林寺（鹿児島市）で飼われた後、猫神として鹿児島城北部の護摩所に祀られ、明治維新後に仙巌園（鹿児島市）に遷座しました。

さらに近衛前久が島津家に何度も猫を贈るよう頼んでいたことが書状に残っています。義久は前久に6匹の猫をプレゼント。しかし妻に取られしまった上、娘も欲しがってきたことから追加で猫を贈るよう義弘に希望しています。前久は島津家から贈られた猫が美しくて見事、と記していることからおそらく海外産と考えられる特別な猫を島津家が持っており、それを外交で活かしていたことがうかがえます。

第5章　天下泰平の道

1 幸侃殺害と庄内の乱

朝鮮出兵終了の翌年、島津義久はかつて秀吉の命令で自刃させた弟・歳久を供養する心岳寺を創建します。忠恒は太閤検地で移された家臣の領地を変更。これらは豊臣政権による支配を拒否する意図があったと考えられます。

豊臣政権の支配体制の象徴ともいえる存在が、島津氏との橋渡し役を務めた老中・伊集院幸侃です。彼は太閤検地の後、義久と義弘に次ぐ領地を手に入れていましたが、彼の豊臣政権寄りの行為に対し、島津内部で非難の声が高まり、忠恒は伏見（京都府）で彼を暗殺します。幸侃と親しかった石田三成は激怒しますが、直後に徳川家康によって政治の表舞台から引退させられてしまいます。忠恒は京都北西の高雄山（京都府）に一時謹慎しますが、三成失脚後すぐにもとにもどされました。

幸侃が殺されたことから、彼の妻は京都北方の鞍馬山（京都府）に籠もり、領地の庄内（都城市）にいる嫡男・忠真と連携。彼らは島津氏に反旗を翻し、加藤清正や伊東祐兵をはじめ近隣の大名の協力を得ようとします。

島津軍は義久や忠豊（豊久）、忠恒が伊集院氏の治める庄内一帯を包囲。さらには家康が島津氏への支援を表明します。島津軍は若い忠恒が初めて総大将として軍勢を率い、太閤検地以前に庄内を治めていた北郷氏がかつての領地を回復しようと活躍しますが、苦戦します。伊集院軍は庄内以外に12の城に家臣を配置して守備に

努めたほか、裏で隣国の加藤氏や伊東氏から食料や軍備の支援を受けていたため、士気が衰えなかったのです。忠恒は若い兵とともに軍功を得ようと焦り、敗北を重ねます。

幸侃暗殺から庄内の乱と呼ばれるこの戦いを鎮圧するまで、島津氏は1年間費やさざるを得ませんでした。

2 家康からの依頼

庄内の乱が収まったのは、徳川家康の尽力でした。家康は家臣を派遣し、双方に和平を提案し、島津忠恒もしぶしぶ了承。伊集院忠真は島津氏に降伏し、領地も広大な庄内から頴娃（南九州市）へと移されます。

庄内の乱以前から島津氏は家康と親しくしており、家康は伏見にあった義久や義弘、忠恒の屋敷を訪れ、茶会などに出席していました。忠恒は和平尽力の御礼のため伏見に赴こうとしますが、家康は本国に残ってしばらくは統治に専念するよう伝達。そこで息子にかわって関西にいた義弘が反乱を収めてくれた御礼のため、大坂城の家康を訪問しました。この時、家康は義弘にある相談をします。

政権内部では、家康を中心とした豊臣政権の命令を無視する会津（福島県）の大名・上杉景勝を討つべき、という議論が起こっていました。上杉攻めの総大将を務めることになった家康は義弘に対し、関西における自分の居城・伏見城の守備をお願いしたのです。義弘はその場で承諾することは避けたものの、家康の願いを受け入れるため、帰国直前だった甥の豊久を引き留め、さらに本国に追加の軍勢をこちらに送るようお願いしました。義弘としては４２００人ほどの島津軍を関西に用意した方がよいと考えていたようです。

家康がほかの大名たちとともに大軍勢で会津に向けて出発する日、義弘は出陣する家康を見

送ります。しかしその直後、隠居していた石田三成が大坂城に入城。そして三成は、家康とともに政権中枢を担っていた大大名である毛利輝元と宇喜多秀家のほか、豊臣政権の官僚たち、そして三成の親友・大谷吉継とともにそろって反徳川を表明しました。

１６００年夏、このようにして天下分け目に向けた動きが沸き起こり、義弘たちはその渦に巻き込まれてしまったのです。

3 三成からのいざない

本国に軍勢派遣を要請した義弘でしたが、島津軍はなかなかやってきません。九州南部は九州統一に向けた争いから朝鮮出兵、庄内の乱と合戦続きだったため、疲れ果てていました。その上、忠恒が新たな城として建昌城（姶良市）を整備しようとします。義弘はこの城について風水（土地の運気）が悪いので、先祖代々の土地である鹿児島を本拠地とし続けるべきと主張しました。一方、近隣の状況では、肥後国にとどまっていた加藤清正が不穏な動きをしており、九州南部に攻め込んでくる可能性があったため、軍勢を送ることができなかったのです。

また義久は愛する娘の亀寿姫が大坂で人質になっていたので、代わりに人質になろうと考えていました。しかし戦いが始まり、身がわりになることができません。

義弘は豊久や、義弘の家臣で本国からかけつけた新納旅庵などわずかな軍勢で、徳川家康との約束通り、伏見城の守備につこうとしますが、家康の家臣から拒まれてしまい、入城できません。そのうちに京都周辺は反徳川ばかりになってしまい、義弘は石田三成たちの求めに応じるかたちで反徳川の軍に合流せざるを得なくなりました。そして本来守備する予定だった伏見城を攻め落とします。その後も三成たちと行動をともにし、大垣城（岐阜県）で家康に味方する軍勢と向かい合いました。

本国からは、山田有栄や長寿院盛淳らが家臣

を数十人ずつ従えて義弘に合流します。志願兵も続出。義弘お気に入りとされていた家臣・中馬重方（ちゅうまんしげかた）は義弘の一大事と聞くと、畑仕事をやめ、道中で鎧兜（よろいかぶと）を奪い、参加しました。

それでも集まったのは1500人ほど。57万石の宇喜多秀家の軍勢はその10倍で、島津氏の半分にも満たない石高（領地の生産力）である石田三成や小西行長（こにしゆきなが）と比べても3分の1以下でした。50万石の領地を誇る島津氏を代表とする軍勢にしてはあまりにも少ない数です。少数精鋭（しょうすうせいえい）の義弘一行は、双方あわせて20万人が集結する決戦の地、関ケ原にたどり着きます。

4 天下分け目の戦い

徳川家康率いる東軍と、石田三成を中心とした西軍は関ヶ原で激突しました。全国を二分する戦いです。義弘率いる島津軍は、石田三成や宇喜多秀家の大軍近くに陣を張り、両軍が疲れ切った時の交代要員として合戦の行く末を見守ります。しかし敵方の勢いは圧倒的で、早々に三成は島津軍に家臣を送り、合戦に参加するよう要請しますが、義弘はこれを断ります。時期尚早と考えたのでしょうか。

しかし小早川秀秋の大軍が西軍の武将・大谷吉継の軍勢を攻め、吉継が自刃すると、わずかな時間で石田軍をはじめ、ほかの味方も撤退せざるを得なくなってしまいます。この時、まだ余裕があると思っていた義弘は、60代半ばの高齢ということもあり、体力を温存するため鎧を身に着けていませんでした。

島津軍の先陣を切ったのは豊久の軍勢です。鉄炮で代わる代わる相手を狙い撃ちしながら前進しようとしますが、大軍に押し寄せられてしまい、すぐに白兵戦（刀や槍を主な武器とした戦い方）になります。

東軍に寝返る武将が相次ぎ、味方が次々と撤退に追い込まれる中、義弘は島津軍がせめて5千人いれば状況は違ったと、何度も悔やんだといいます。そして一度は死を覚悟しましたが、豊久がこれをいさめ、本国に帰還するよう進言したのです。これを受けて義弘は戦場を脱出するための方策を考えます。

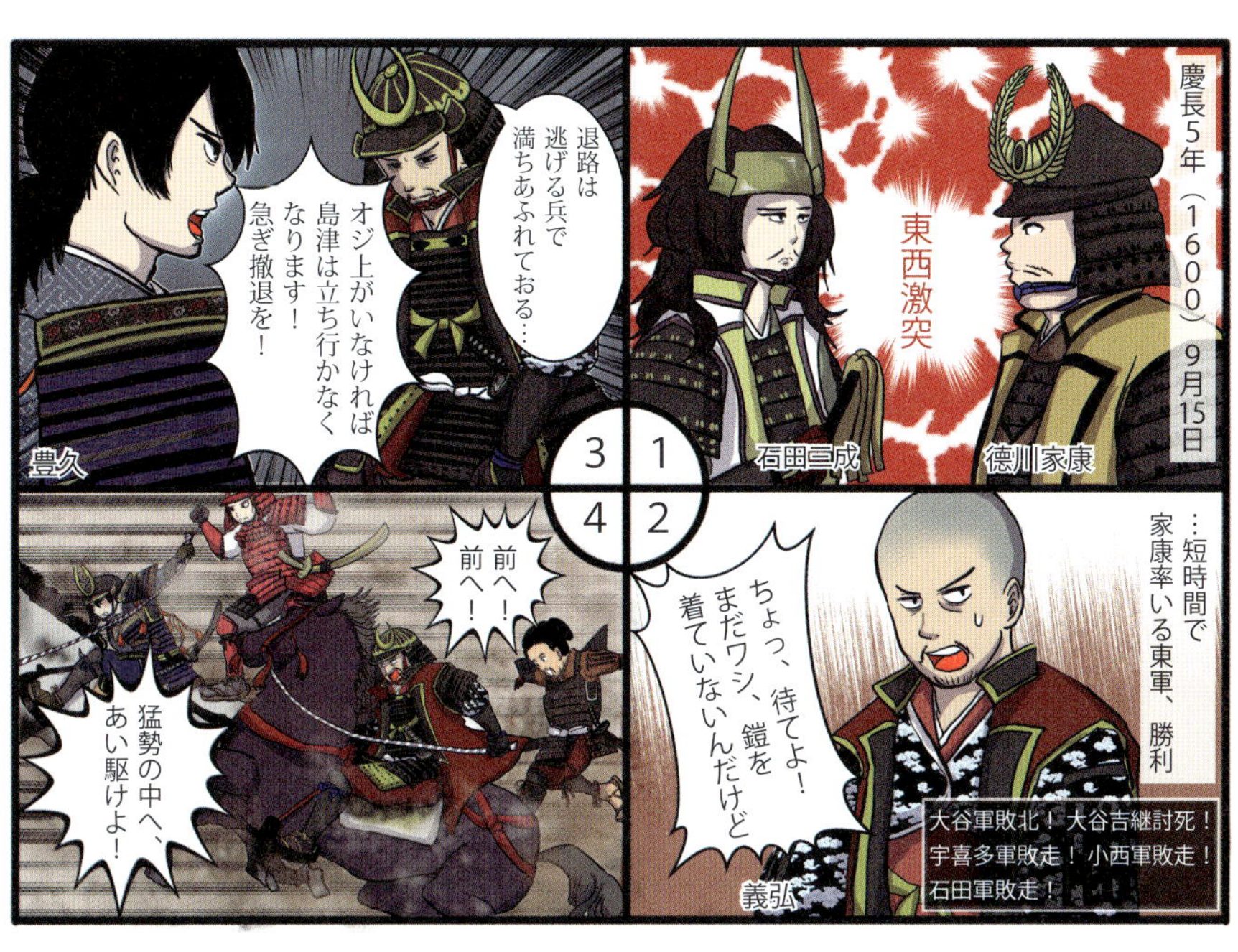

後方は険しい山々が連なっており、味方の大勢がすでに同じ方向に殺到していることから、敵に追いつかれる可能性が高く断念。そこで義弘はあえて敵に向かって突撃し、敵の後方にある味方の兵が籠もっていた大垣城（岐阜県）に向かって活路を開こうと考えました。

義弘は愛馬・紫にまたがり、島津の軍兵に命令します。「猛勢の中にあい駆けよ」。島津軍が一丸となり、戦地を突破する作戦が始まったのです。

5 敵中突破せよ

少数精鋭の島津軍が戦場を脱出するため、突如敵軍に突撃しました。徳川家康の重臣・井伊直政は島津家臣の狙撃によって被弾。この傷がもとで1年半後に亡くなったといいます。同じく家康重臣・本多忠勝は愛馬に島津軍の鉄炮が当たり落馬しました。敵武将の中には、勝利が決まった中、あえて奮戦する島津軍に手を出すべきではないと考えた者もいました。

一方、島津軍では戦場に残る者がいました。義弘の家臣で蒲生（姶良市）を治めた長寿院盛淳です。盛淳は石田三成からもらった軍配を手に、義弘がかつて豊臣秀吉から授かった陣羽織を着て、家臣とともに本陣に残ります。そして敵の大軍の猛攻を2度防ぎましたが、3度目はならず敗北。少しでも義弘一行への追撃を減らすため、最期に「自らが義弘である」、と偽りを名乗って亡くなりました。

混乱の中、島津軍は離れ離れになってしまいます。義弘に退却を勧めた島津豊久も乱戦で行方知れずとなり、乗っていた馬だけ見つかりました。鞍には大量の血がついており、戦場で散ったと考えられます。彼に従った家臣も皆亡くなっており、どのように亡くなったのかはよく分かっていません。もしかしたら異世界に飛ばされたのかもしれません。豊久や盛淳のみならず、数多の命がいつの間にか戦場で奪われていきました。

義弘も突破しようと奮戦しますが、戦場に取

り残されてしまいます。この時に助けたのが福山（霧島市）を治めていた山田有栄です。かつて耳川の戦いの際、義弘たちによって救援された高城の主・山田有信を父に持つ有栄は、義弘の馬印（大将のそばに立てられ、居場所を示すもの）が後方で身動きが取れなくなっていることに気づくと、急いで引き返して義弘と合流。義弘はわずかな軍勢で関ヶ原を脱出し、故郷に向かって突き進みます。

6 山道を越えて

戦場を脱出した義弘一行は大垣城を目指しましたが、すでに裏切りによって敵の攻撃を受けていたため断念。関ヶ原合戦時、大坂城には義弘の妻・宰相殿（さいしょうどの）や義久の愛娘・亀寿姫（忠恒夫人）が豊臣政権の人質になっていました。そこで、戦場を脱出した義弘たちは大坂に向かいます。彼らは地元の民衆による落ち武者狩りから逃れるため、道中で重くて目立つ鎧兜や馬印を脱ぎ捨てました。義弘の鎧も例外ではありませんでしたが、「主君の鎧を捨てることはできない」と家臣が大切に持って帰っていきます。山中で義弘は輿（こし）に乗って移動。重臣の山田有栄と桂忠詮（かつらただのり）が交代で最後尾を任されました。

同行した家臣たちは、主君が島津義弘であるということをほかの人々に気づかれないよう、細心の注意を払いました。道中、食事の時には義弘をわざと土間（どま）に座らせたり、案内する村人に悟られないよう身分が低い人の恰好（かっこう）をさせたりしたのです。また時には地元の人をおどして強引に道案内をしてもらうこともありました。九州南部の人間であると分かると落ち武者と気づかれてしまうため、九州南部の方言に染まっていない、長年関西にいた家臣が地元の人に道案内を頼んだといいます。そこまでしても落ち武者であると気づかれてしまい、村人の襲撃を受けて命を落とした家臣もいます。

食事に困ったときには馬を殺してその肉を食べましたが、義弘の愛馬・紫だけは食べずにいま

した。紫は後に住吉大社（大阪府）に奉納されます。家臣が馬肉を食べようとした時、義弘も一緒に食べようとしたところ、義弘お気に入りの家臣・中馬重方は拒否。重方の言い分は「義弘は家臣が担ぐ輿に乗っており、輿を担ぐ我々が栄養を摂らなければいけない」というもので、義弘も彼を許しました。数十年経った後、若い家臣たちが彼のもとを訪れ、関ヶ原の話を尋ねたところ、中馬は一言も発せずただ涙したといいます。

義弘を守ろうという志と策が功を奏して、彼らは関ヶ原から3日かけて堺（大阪府）に到着しました。

海路の帰還

　堺まで脱出した義弘は、交友がある商人たちに匿ってもらい、彼らの協力を得て帰国の船を集めます。また大坂城にいる妻の宰相殿たちにも連絡。宰相殿は「義弘が関ヶ原で戦死した」という噂を利用して、弔いを理由に帰国の許可を得ましたが、義久の愛する娘・亀寿姫の許可はおりません。そこで、彼女に仕える女性を替え玉として城に残し、亀寿姫は宰相殿に仕える女性に扮して脱出に成功。宰相殿と亀寿姫は義弘一行と海上で合流します。この時、亀寿姫は島津家歴代を書き記した大事な家系図を、宰相殿は秀吉から義弘がもらった貴重な茶器・平野肩衝を肌身離さず持っていたことから賞賛されます。さらに筑後国（福岡県）の立花親成（宗茂）とも瀬戸内海で再会。親成は同じ西軍に属していながら、関ヶ原の戦いの時には敵方の籠もる大津城を攻めていたため参加することができず、やむなく本国に帰還する途中でした。互いの無事を喜び、ともに九州に向けて伊予灘まで同道します。

　しかし島津軍は親成と別れた後、敵方の黒田如水（孝高）の水軍と豊後水道で遭遇してしまい、２艘の船が焼き払われてしまいます。家臣の中には殺されたり、捕まったりしたものもいましたが、幸いにも義弘は妻や亀寿姫とともに窮地を脱し、日向国細島（日向市）にたどり着きました。

　その後は陸路を移動。途中、豊久の居城であ

る佐土原（宮崎市）に立ち寄り、豊久の母や妻に彼の死を伝えた後、富隈（霧島市）で義久と再会を果たしました。義久は義弘に対して、とても喜んだとも、戦いに加わったことに怒ったとも伝わっています。久しぶりの2人の時間は濃密なものだったでしょう。

故郷を守るため、多くの命を失いながら駆け抜けた「島津の退き口」は、関ヶ原の戦いから19日間、距離は千キロにも及びました。

8 それぞれの戦い

義弘たちが関ヶ原で戦っていた頃、九州南部でも合戦が繰り広げられていました。肥後北部を治める加藤清正が南隣の小西行長の領地に攻め込んだため、主君不在の小西家臣は島津氏に協力を要請。義久はいとこの島津忠長を派遣し、小西軍を救援しようとします。また日向国では伊東軍が西軍方を攻撃し、島津軍とも交戦しました。豊久不在の佐土原には義久の指示で援軍が送られ、伊東軍と対峙します。

義弘の帰国後、九州の諸大名が島津に攻め込む計画があがっていました。徳川秀忠（家康嫡男）を総大将に、黒田如水や加藤清正、肥前国（佐賀県）の鍋島直茂、そしてともに帰国したものの、徳川方に降伏した立花親成も敵方に加わって侵攻しようとしていたのです。敵の準備に対して、義久や忠恒は支配地の北部に島津軍を待機させ、もしもに備えました。

義弘からはぐれてしまった島津家臣も帰還に向けて各地で奮闘します。入来院重時とその家臣たちは隠れていたところを敵兵に見つかってしまい討ち取られてしまいます。新納旅庵は京都で近衛家に匿われた後、鞍馬山に隠れていたところ、家康の家臣に見つかり捕えられました。禰寝重張も洞窟に隠れていましたが、見つかってしまいます。捕えられた人々は尋問を受けた後、帰国が認められました。このほか、京都の薬売・道正庵に匿ってもらい、帰国できた武将たちもいました。

一方、島津軍以外でも九州南部を目指す人がいます。西軍の中心人物のひとりで豊臣秀吉の養女と結婚していた宇喜多秀家は戦場を脱出後、京都経由で島津のもとに落ち延びました。そして牛根（垂水市）でかくまわれます。

義弘だけでなく、それぞれが皆、様々な場所でこの乱世を生き抜こうと努力していたのです。

9 和平と鹿児島城

島津氏は戦いの準備をしながら、和平交渉を開始します。敵中突破時に島津軍が狙い撃ちした井伊直政や撤退時に海上で戦った黒田如水が徳川家康と島津氏との交渉の窓口になります。島津氏と家康の双方と親しい近衛家の人々も両者の橋渡しをつとめました。平和を願う人々の努力により、大軍で島津氏に攻め込むことは中止。義弘は桜島に謹慎し、命令に従う態度を示します。

　捕まっていた島津家臣たちは、仕方なく家康の敵になってしまった理由を必死に説明。彼らが帰国すると和平交渉が本格化します。家康の家臣たちは何度も義久に京都・伏見に赴くよう伝えますが、義久は先に領地の支配を保証することを望んで応じません。西軍に属したほかの大名のほとんどが領地を失ったり削減されたりする中、領地を守り抜くため、義久、義弘、忠恒が何度も協議を重ねるなど、極めて慎重な対応をとったのです。

　後継者の忠恒は、鹿児島に新たな城を築き始めます。義久、義弘は海から近すぎるため防御面を不安視しますが、忠恒はこの鹿児島城（鶴丸城）を島津の新たな本拠地と定めました。

　1602年、根負けした家康が島津氏の領地の支配を保証します。体調不良の義久にかわり、忠恒が伏見で家康に面会し和平が成立しました。

　豊久の死後、家康に没収された佐土原（宮崎

市）は、島津氏に戻されましたが、豊久に子どもがいなかったため、義久たちのいとこ・以久が治めることになります。また宇喜多秀家を島津氏が匿っているという噂が流れたため、翌年、忠恒は秀家を家康に引き渡します。忠恒が家康に働きかけた結果、秀家の死罪は免じられ、八丈島（東京都）への流罪となりました。

江戸幕府の世になると、忠恒は薩摩藩主として鹿児島城を中心に九州南部を治めることになります。このようにして島津氏は戦乱を生き抜き、平和で穏やかな時代を迎えたのです。

10 名門の遺風、乱世の遺風

和平が成立した後、義弘は謹慎先の桜島から帖佐に戻り、さらに平松、加治木（いずれも始良市）へと拠点を移します。一方、兄・義久も冨隈から国分（いずれも霧島市）へと移居。双方ともに新たな城下町を整えながら、鹿児島を本拠地とした忠恒の藩政を見守ります。

江戸幕府の成立により平和な時代を迎えようとしていましたが、薩摩藩ではそれ以前の習俗を守り伝えようとする動きがありました。鎌倉時代から守護として九州南部を治め、乱世を乗り越えた名門として果たすべき役割と思っていたのかもしれません。例えば、鎌倉武士がたしなんだ犬追物は戦国時代になると全国的に衰退しますが、薩摩では継続していました。近衛龍山（前久）は、全国的に廃れた中で九州南部に犬追物が残っていることは名誉なことである、と書き記しています。

室町幕府の儀礼を伝えた人物のひとりが伊勢貞昌です。元々有川氏を名乗っていましたが、室町幕府の有職故実（儀礼・制度など）に詳しい伊勢貞知の教えを受け、自らも伊勢氏を名乗るようになります。彼は室町時代の有職故実を書きまとめ、後世に残るよう努めました。忠恒は貞昌を家老に任じ、江戸と薩摩を往復する時には必ずといっていいほど彼を同行させています。後に江戸幕府の将軍・家光や大御所・秀忠が江戸の薩摩藩邸にやって来る際には、できる限り室町幕府の将軍が大名の屋敷を訪れた時のお

もてなし作法になぞらえて対応しました。将軍家が好きだった古田織部（おりべ）風の茶の湯や、琉球（りゅうきゅう）王国の音楽を採り入れて独自色を出しながらも、中核となる部分はほかの大名のもてなし方とは異なり、室町幕府の儀礼を研究しておこなったのです。

　剣術を昇華させて乱世の遺風（いふう）を後世に伝えたのが東郷重位（とうごうちゅうい）です。彼ははじめタイ捨流（しゃりゅう）という剣術を学んでいましたが、京都で修業後、創意工夫を重ねて新たな流派を立ち上げます。忠恒の目の前でタイ捨流の剣術師範（しはん）との試合に勝利すると、島津家の剣術師範に就任。後に彼の流派は「示現流（じげんりゅう）」と名付けられます。示現流は薩摩独自の剣術として江戸時代以降続き、藩士の心身の鍛錬（たんれん）に大きな影響を与えました。

　次世代の家臣に支えられながら、忠恒は着実に薩摩を牽引（けんいん）するようになっていきました。

11 青く豊かな海

1606年、島津忠恒は徳川家康から「家」の字を授かり、亡き叔父と同じ「家久（いえひさ）」と名乗るようになります。家康から「家」の字をもらった人物は非常に少なく、それだけ島津氏が重要な存在と考えられていたことがうかがえます。

関ヶ原の戦いでも領地を減らされなかったことも含め、家康が島津氏を優遇していた背景のひとつとして、島津氏が海外との窓口を担っていたことがあげられます。秀吉の唐入りによって、関係が悪化した明（みん）王朝との交易復活を考えていた家康は、関ヶ原の戦い前に捕虜となっていた明の将軍を送り帰すことを義弘に依頼。将軍帰国時に交易を打診します。しかし翌年、明王朝からの船が硫黄島（三島村）近海で倭寇（わこう）に襲われてしまったため、交易再開は断念せざるを得ませんでした。関係改善のため、明出身家臣が多く、大陸への航路を管理する島津氏の力を期待したようです。

初期の江戸幕府は、朱印状（しゅいんじょう）を持った船のみ海外渡航ができるという管理交易制度（朱印船貿易）を実施します。朱印状を幕府から最も授かっていた大名が島津氏でした。また明王朝のほかカンボジア、ルソン（フィリピン）、ポルトガル、スペイン、オランダ、イギリスの船が九州南部に来航。島津氏が海外交易の担い手として活躍していたことがうかがえます。

薩摩藩は大陸や東南アジアとの航路確保や朱印船貿易の管理などの目的で、家康・秀忠父子

の許可を得て、琉球王国に出兵。沖縄本島まで攻め込まれた尚寧王は降伏し、薩摩藩に従うことになりました。琉球が支配していた奄美群島を薩摩藩の直轄地とし、琉球王国の那覇（沖縄県）には薩摩藩の出先機関である在番奉行所がおかれ、交易が管理されます。

琉球出兵から数年後、幕府が外交方針を転換し、海外貿易を縮小、やがて日本人が自由に国外に渡航したり、海外と交易したりすることができなくなります。しかし、薩摩藩は琉球王国を通じて海外の最先端の文物、知識を手に入れ続けることができました。

戦乱の中、常に海の向こうから最先端の品々を獲得してきた島津氏。天下泰平の世になった後も、琉球の助けを経て、海の向こうからの恵みにいかされ、薩摩藩は栄えていくことになったのです。

その後の戦国島津

江戸時代、戦国島津の武功や偉業を語り継ぐ催しが数多く生まれます。忠良（日新斎）が葬られた日新寺（南さつま市）と、歳久が祀られた心岳寺（鹿児島市）にはそれぞれの命日に遠路はるばる鹿児島城下の武士が参詣に訪れました。義弘が葬られた妙円寺は関ヶ原の戦いの前夜に甲冑を着て参詣する行事が生まれ、現代でも妙円寺跡地に建てられた徳重神社や近隣に再建された妙円寺に赴く「妙円寺詣り」がおこなわれています。

　このほか鹿児島県内には士踊や棒踊り、太鼓踊りなど各地の踊りが残っていますが、これらのいくつかは戦国時代から続くものといわれています。様々なかたちで戦国時代の人々の苦難と活躍を次の世代に伝えようとしたのでしょう。

　明治維新後、大日本帝国は古の人物の業績を顕彰するため、亡くなった人に高い位を贈ります（贈位）。戦国時代の人物では忠良、貴久、義久には従三位が、義弘にはそれより一つ上の正三位が贈られました。江戸から近代、現代と時代が変わりながらも、多くの人々を魅了し続けるのが戦国島津の人々のようです。

外伝

戦国島津当今錦絵

大隅正八幡宮奉納　島津貴久鎧

島津貴久(たかひさ)が大隅国(おおすみ)一之宮(いちのみや)の大隅正八幡宮(しょうはちまんぐう)（現・鹿児島神宮、霧島市）に奉納(ほうのう)した鎧。

霧島山御宮奉納　島津忠平鎧

島津忠平（義弘）が木崎原の戦いの際に着用した鎧。霧島山御宮は霧島神宮のことだと考えられます。

吉田八幡神社奉納　島津義久鎧

島津義久が吉田八幡宮（鹿児島市）に奉納した鎧。

島津修理大夫義久

平松神社所蔵　伝 島津歳久鎧

島津歳久を祀る平松神社（江戸時代は心岳寺）所蔵。歳久の鎧といわれています。

伝 島津豊久鎧

江戸時代半ばに見つかった、島津豊久(とよひさ)が関ヶ原の戦い時に着用したとされる鎧。

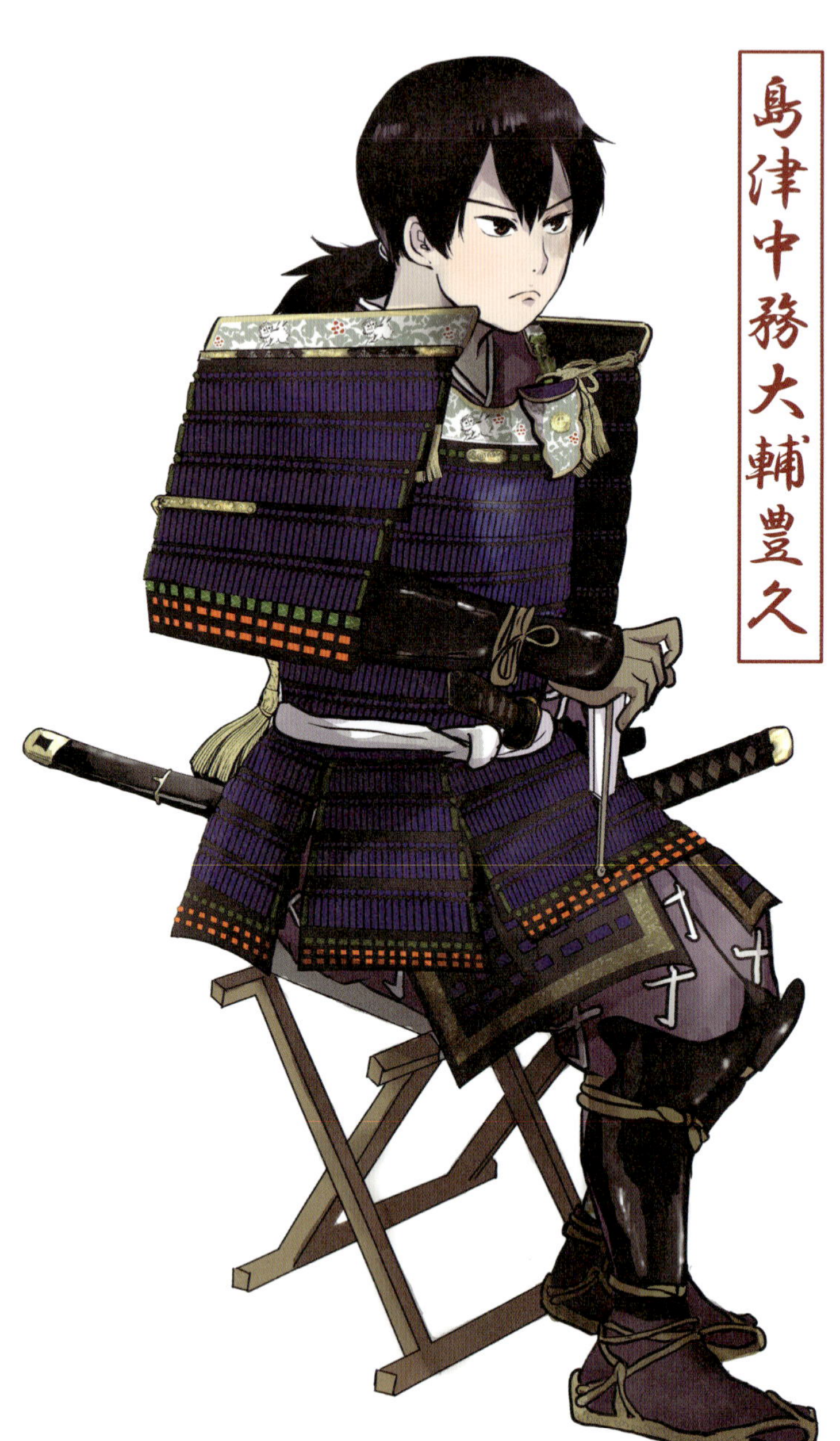

島津兵庫頭義弘

開聞神社奉納　島津義弘鎧

島津義弘が薩摩国一之宮の開聞神社（現・枚聞神社、指宿市）に奉納した鎧。

宝持院奉納 弓袋差鎧

かつて鹿児島城下にあった宝持院に奉納された鎧。唐入り前に流鏑馬が執り行われた時、島津久保が着装し、その後、久保の弟・忠恒が唐入りの際に戦場で着装しました。

髪型の話

ここまで「かごしま戦国絵巻」を読んでくださった皆様はお気づきかもしれませんが、実は漫画で描かれた人物の多くが、歴史上の髪型と異なっています。この時代の男性は、髷を結っているのです。ポルトガル人のジョルジェ・アルバレスは「後頭部や耳のそばまですっかり髪の毛を抜いており、後頭部に髪を残している。彼らはその髪を長く伸ばして結っている」と記しています。兜をかぶると頭が蒸れてしまうため、このような髪型をするようになったといいます。明王朝の人物の記録によると、竹でできた髪を抜く道具を用いていたとされ、抜く時は痛かったそうです。ちなみに豊臣政権の時代から、髪を「抜く」ことから、髪を「剃る」ように変わったといいます。

この本では、髷を結っている人と総髪と呼ばれる髷を結っていない人、どちらも登場しますが、実際には成人男性は基本的に髷を結っていました。ただ、絵師の強い希望から、髷を結っていない姿も多く描かれています。ぜひこれからもう一度、「髷を結っている顔」を想像しながら、改めて読んでみてください。

戦国島津★まちがい探し

表紙と何か所違うかな?

略年表

1508年　忠昌、自害
1527年　島津本家の家督継承をめぐる争いはじまる
1539年　紫原の戦いで日新斎・貴久軍、島津実久軍に勝利
1543年　鉄炮伝来
1549年　ザビエル、薩摩来訪（翌年まで）
1555年　内城（御内）に本拠地を移す
1555年　岩剣城の戦い
1561年　廻城の戦い
1568年　日新斎死去
1570年　薩摩平定
1571年　貴久死去
1572年　木崎原の戦いで伊東軍に勝利
1574年　大隅平定
1575年　琉球王国から「あや船」到着
　　　　家久、京都へ（同年、歳久も京都へ）
　　　　近衛前久、薩摩へ（翌年まで）
1578年　伊東義祐が日向を離れ、三州統一
　　　　耳川の戦い（高城合戦）で大友軍に勝利

1581年　水俣合戦で相良義陽降伏
1584年　沖田畷の戦い（島原合戦）で龍造寺軍に勝利
1585年　義弘、兄の後継者になる
肥後平定
1586年　岩屋城の戦いに辛くも勝利
1587年　戸次川の戦いで豊臣先発隊に勝利
根白坂の戦いで豊臣軍に敗北
豊臣政権に降伏
家久急死
1592年　唐入り開始
梅北国兼一揆の後、歳久自刃
1594年　太閤検地開始（翌年まで）
近衛信尹、薩摩へ（翌々年まで）
1598年　朝鮮半島からの撤退戦で武功を挙げる
1599年　庄内の乱ぼっ発（翌年まで）
1600年　関ヶ原の戦い
1602年　忠恒、徳川家康と面会し、和平完成
1609年　琉球出兵

結

１８５０年代から１８６０年代、薩摩藩が日本の歴史の中核になります。その時代の薩摩藩の人々にとって「歴史上のヒーロー」が戦国島津の人々でした。「幕末の名君」こと28代島津斉彬は、先祖・義弘が強さだけでなく豊かさにも着目していたと語っていたり、西郷隆盛と大久保利通は一緒に妙円寺詣りに参加したりしています。また小松帯刀は小松家を継ぐ前に、薩摩藩英国留学生は渡航直前にそれぞれ妙円寺を参詣しました。激動の時代を生きた先人に思いを馳せることで、新しい時代を切り拓く勇気を得ようとしたのかもしれません。

現代の鹿児島は幕末・維新に焦点が当たる機会がとても多いです。しかし、その時代だけが「鹿児島の歴史」ではありません。戦国乱世をはじめいくつもの時代と数多の人々のバトンがあって現代につながっています。この本を読んで、戦国時代の鹿児島の人々に興味を持っていただけましたら幸いです。

この書籍は、２０１９年から２０２２年にかけて南日本新聞で連載していた内容をもとに、内容を増やして刊行しました。ちょうどその前後に、私は戦国時代を舞台としたゲーム『戦国無双』シリーズや『信長の野望』シリーズ、漫画『ドリフターズ』や『へうげもの』、『センゴク』シリーズとのコラボイベントを企画・運営しており、若い世代を中心に戦国島津に興味を持っていただくための活動を展開していました。このようなコラボイベントはそれ以降、ＴＶアニメ『ゴールデンカムイ』や漫画『おじさまと猫』、『黒博物館』シリーズなど多分野に展開しましたが、いずれも鹿児島の歴史の魅力を知っていただくためにおこなっていったものです。この書籍の刊行も、これらの作品と同じように鹿児島の歴史の面白さを知るひとつとして愛されていただくことができればと願っています。

最後になりましたが、連載の担当をしてくださった南日本新聞社読者センターの皆様、刊行に尽力してくださった南方新社、日ごろから東雲（しののめ）ののかと私を支えてくださっている方々、そしてとてもかわいい子どもたちに感謝の意を表して締めくくらせていただきます。

岩川拓夫

2024年12月

■主な参考文献

鹿毛敏夫『世界史の中の戦国大名』（講談社、２０２３年）

岸野久『西欧人の日本発見　ザビエル来日前日本情報の研究』（吉川弘文館、１９８９年）

岸野久『ザビエルと日本　キリシタン開教期の研究』吉川弘文館、１９９８年）

桐野作人『関ヶ原島津退き口　敵中突破三〇〇里』（学研、２０１０年）

桐野作人『さつま人国誌　戦国・近世編　１～３』（南日本新聞社、２０１１～２０１７年）

五味克夫『『戦国・近世の島津一族と家臣』（戎光祥出版、２０１８年）

新名一仁『島津貴久　戦国大名島津氏の誕生』（戎光祥出版、２０１７年）

新名一仁『島津四兄弟の九州統一戦』（星海社、２０１７年）

新名一仁『「不屈の両殿」島津義久・義弘　関ヶ原後も生き抜いた才智と武勇』（ＫＡＤＯＫＡＷＡ、２０２１年）

新名一仁編『薩摩島津氏』（戎光祥出版、２０１４年）

新名一仁編『中世島津氏研究の最前線』（洋泉社、２０１８年）

橋本政宣『近世公家社会の研究』（吉川弘文館、２００２年）

福島金治『戦国大名島津氏の領国形成』（吉川弘文館、１９８８年）

三木靖『薩摩島津氏』（新人物往来社、１９７２年）

松尾千歳『秀吉を討て　―薩摩・明・家康の密約―』（新潮社、２０２２年）

右のほか、様々な書籍・論文からご指導をたまわりました。ありがとうございます。

■著者プロフィール

岩川 拓夫　IWAKAWA Takuo

1985 年鹿児島生まれ。大阪大学大学院を修了後、尚古集成館や日置市教育委員会、仙巌園で学芸員を務める。県内外で講演会やシンポジウムに登壇するほか、歴史を活かしたイベントを企画・運営。鹿児島国際大学非常勤講師や西郷南洲顕彰館専門委員などをつとめる。
主な著書に『シリーズ・中世西国武士の研究 1　薩摩島津氏』（戎光祥出版)、『新薩摩学 8　中世薩摩の雄渋谷氏』（南方新社）など（いずれも共著)。2023 年、『かごしま維新伝心』（南方新社）を東雲ののかとともに刊行する。

東雲 ののか　SHINONOME Nonoka

1989 年鹿屋市生まれ。2015 年、第 3 回かごしま漫画クロデミー賞一般コマ部門最優秀賞受賞。2022 年、第 9 回かごしま漫画クロデミー賞 with SDGs ストーリー・コマ部門最優秀賞受賞。2023 年、『かごしま維新伝心』（南方新社）を岩川拓夫とともに刊行する。

かごしま戦国絵巻

二〇二五年一月二三日　第一刷発行

著者　岩川拓夫・東雲ののか
発行者　向原祥隆
発行所　株式会社 南方新社
〒八九二―〇八七三
鹿児島市下田町二九二―一
電話 〇九九―二四八―五四五五
振替口座 〇二〇七〇―三―二七九二九
URL http://www.nanpou.com/
e-mail info@nanpou.com

印刷・製本　シナノ書籍印刷株式会社
定価はカバーに表示しています
乱丁・落丁はお取り替えします
ISBN978-4-86124-529-9 C8021
©Iwakawa Takuo, Shinonome Nonoka 2025, Printed in Japan

かごしま維新伝心

著／岩川拓夫・絵／東雲ののか・A5 判・176 ページ・オールカラー
定価（本体 1,800 円＋税）

幕末薩摩を楽しく学ぶ!!

1800 年代、鹿児島の人々は日本の最先端の知識や技術を持ち、
政治や経済、外交の分野で最前線に立った。
西郷隆盛や大久保利通だけではなく、多くの人々が
一丸となって時代を切り拓いた鹿児島の歩みを紹介する一冊。

- ●各編に楽しいカラーイラストあり
- ●主要語句にはルビ付き

〈第 8 回鹿児島市児童書出版助成対象作品〉

ご注文は、お近くの書店か直接南方新社まで（送料無料）
書店にご注文の際は必ず「地方小出版流通センター扱い」とご指定下さい。